T5-ANA-385

Le toilettage maison

Illustrations : Jean-François Vachon

Données de catalogage avant publication (Canada)

Philie, Françoise
  Le toilettage maison

  (Collection Guide pas bête)

  1. Chiens - Toilettage.   I. Titre.   II. Collection.

SF427.5.P44 2003   636.7'0833   C2003-940067-0

DISTRIBUTEURS EXCLUSIFS :

- Pour le Canada
  et les États-Unis :
  MESSAGERIES ADP*
  955, rue Amherst
  Montréal, Québec
  H2L 3K4
  Tél. : (514) 523-1182
  Télécopieur : (514) 939-0406
  *. Filiale de Sogides ltée

- Pour la France et les autres pays :
  VIVENDI UNIVERSAL PUBLISHING SERVICES
  Immeuble Paryseine, 3, Allée de la Seine
  94854 Ivry Cedex
  Tél. : 01 49 59 11 89/91
  Télécopieur : 01 49 59 11 96
  Commandes :   Tél. : 02 38 32 71 00
                       Télécopieur : 02 38 32 71 28

- Pour la Suisse :
  VIVENDI UNIVERSAL PUBLISHING SERVICES SUISSE
  Case postale 69 - 1701 Fribourg - Suisse
  Tél. : (41-26) 460-80-60
  Télécopieur : (41-26) 460-80-68
  Internet : www.havas.ch
  Email : office@havas.ch
  DISTRIBUTION : OLF SA
  Z.I. 3, Corminbœuf
  Case postale 1061
  CH-1701 FRIBOURG
  Commandes :   Tél. : (41-26) 467-53-33
                       Télécopieur : (41-26) 467-54-66
                       Email : commande@ofl.ch

- Pour la Belgique et le Luxembourg :
  VIVENDI UNIVERSAL PUBLISHING SERVICES BENELUX
  Boulevard de l'Europe 117
  B-1301 Wavre
  Tél. : (010) 42-03-20
  Télécopieur : (010) 41-20-24
  http://www.vups.be
  Email : info@vups.be

Pour en savoir davantage sur nos publications,
visitez notre site : **www.edjour.com**
Autres sites à visiter : www.edhomme.com • www.edtypo.com
www.edvlb.com • www.edhexagone.com • www.edutilis.com

Pour joindre l'auteur : fphilie2003@yahoo.fr

Dépôt légal : 1er trimestre 2003
Bibliothèque nationale du Québec

ISBN 2-8904-4730-8

Gouvernement du Québec – Programme de crédit d'impôt pour l'édition
de livres – Gestion SODEC.

L'Éditeur bénéficie du soutien de la Société de développement des
entreprises culturelles du Québec pour son programme d'édition.

Nous reconnaissons l'aide financière du gouvernement du Canada par
l'entremise du Programme d'aide au développement de l'industrie de
l'édition (PADIÉ) pour nos activités d'édition.

Françoise Philie

Le toilettage maison

 le jour,
éditeur

COLLECTION 🐾 GUIDE PAS BÊTE

INTRODUCTION

Alors que je m'occupais d'un cocker gentil et collaborateur que je toilette depuis quelques années, j'ai remarqué que, curieusement, ce jour-là, il était maussade : la tête basse, il ne me regardait pas pendant que je lui donnais des soins. Je laissai ce vieux routier à ses pensées, n'osant pas le déranger… Après une heure de soins et de travail, et malgré toutes les manipulations et sollicitations qu'exige le toilettage, il ne m'avait toujours pas regardée, me laissant passivement m'acquitter de ma tâche. Lorsque j'eus éteint le séchoir électrique, sans lui demander son avis, je lui donnai un gros bec sur le museau et l'observai. Il hésita trois ou quatre secondes, puis, levant les yeux vers moi, mi-bouder mi-rieur, il me rendit mon baiser ! Il se dressa ensuite sur ses quatre pattes, plongea son regard dans le mien et frétilla de la queue : un simple geste affectueux avait eu raison de ce qui m'apparaissait être de la tristesse, de la mélancolie…

J'exerce un métier que j'adore : je suis toiletteur professionnel. C'est pour moi l'occasion d'observer la relation homme-chien et le comportement canin.

Un jour, dans une animalerie où je travaillais, une cliente entra et se dirigea précipitamment vers les cages des chiots. Elle en ouvrit une et s'empara d'un shih-tzu qu'elle avait dû abandonner, à contrecœur, quelques jours auparavant. Après avoir réfléchi, cette dame, handicapée physiquement, avait décidé de renoncer à déménager dans un logement subventionné parce qu'on y interdisait les animaux de compagnie. Elle choisissait donc ce chiot dont elle s'était éprise plutôt qu'un logement à meilleur prix et un portefeuille mieux garni !

J'allai rejoindre ces deux complices. Lorsque le chiot perçut ma présence et qu'il tourna sa tête vers moi, je découvris un animal frissonnant du bonheur d'avoir retrouvé sa maîtresse : ses yeux exorbités et son petit visage frémissant exprimaient un complet étonnement ; son corps et sa tête étaient secoués de tremblements et il semblait vouloir dire : « C'est ma maîtresse ! C'est elle ! Elle est venue me chercher ! »

Un après-midi où je n'avais pas de client, j'en profitai pour brosser un chien appartenant à un organisme de bienfaisance pour animaux. Ce grand blond, sans race définie, avait été abandonné depuis un certain temps. Je l'installai sur la table et entrepris de le brosser. Il me regarda avec un grand sourire, les yeux remplis de bonheur. Pendant toute l'opération, il ne voulut pas détacher son regard de mon visage, désirant me transmettre sa joie en voyant que je m'occupais de lui, juste de lui !

Quelques jours plus tard, j'appris que le « grand blond » avait été retrouvé mort. Aucun diagnostic médical ne permit d'expliquer sa mort ; on put donc supposer que c'est l'ennui et le chagrin qui avaient mis fin à ses jours. Il n'avait pas pu survivre à la perte d'un quotidien connu et au manque d'amour et d'attentions.

Dans les yeux de tous ces chiens que le hasard et mon métier ont placés sur ma route, j'ai vu de la bonté et de l'amour. Voilà une définition juste de ce que sont pour moi ces animaux : des êtres d'amour qui ne cherchent qu'à aimer et à être aimés. C'est le premier enseignement que je souhaite donner dans ce livre : *le chien, comme nous, est un être d'émotions.* Nous ne connaissons pas encore toute la complexité de sa vie émotive. Peut-être ressent-il des émotions dont nous n'avons pas idée.

Ce que je souhaite faire comprendre autour de moi, c'est que nous devons être aussi sensibles à la vie émotive des animaux que nous le sommes à la nôtre. Et que, pour agir en conséquence, nous devons leur accorder une attention quotidienne, les caresser, leur consacrer du temps exclusif afin qu'ils puissent accomplir avec nous des activités qu'ils aiment comme celles de marcher et de jouer. Il faut leur parler doucement, surveiller leur santé et réagir rapidement à leurs besoins. Il ne nous est pas permis de négliger ces êtres dont nous sommes responsables sous prétexte que ce sont des animaux. Car comme le soulignent les anecdotes que je viens de narrer, les hommes et les chiens se ressemblent beaucoup sur le plan émotif.

Et vous ? Avez-vous oublié votre chien quelque part dans vos pensées ou dans vos activités de tous les jours ?

Je vous invite à découvrir ce trésor que vous côtoyez chaque jour, un trésor composé d'amour, de bonté et d'émotions de toutes sortes ! Vous apprendrez à mieux le connaître, à mieux le comprendre et à mieux l'apprécier. Et à mesure que votre perception concernant votre chien évoluera, vous constaterez un changement dans vos attitudes : vous apprendrez à dépasser des peurs, à être plus patient, plus compréhensif et plus ouvert devant cet être dont le langage et la psychologie sont différents des vôtres. Votre relation avec lui en sera modifiée à jamais.

C'est à cette aventure que je vous convie dans ce livre. En vous décrivant en termes clairs les soins de toilettage à prodiguer à votre chien, je me propose de vous aider à rendre votre relation avec lui plus intime et plus profonde. Une aventure simple et sans danger, mais riche en enseignements.

Le toilettage dont je parle ne nécessite ni rasoir, ni tonte spéciale, et une utilisation modérée des ciseaux. Je recommande des interventions faciles ne requérant que peu d'accessoires. L'itinéraire sera simple et bien détaillé, sans être nécessairement toujours facile à parcourir ! Votre compagnon tentera parfois de vous convaincre d'utiliser un long détour, mais il pourrait aussi vous indiquer de précieux raccourcis ! Il sera toujours temps de choisir le moment où vous préférerez arrêter le voyage en fonction de vos limites et de celles de votre chien.

Votre pitou adoré vous attend. Votre chien appréciera cette nouvelle rencontre avec vous. Ce qu'il souhaite par-dessus tout, c'est d'être en relation avec vous, de sentir que vous vous occupez de lui. Le toilettage maison vous permet d'offrir des soins d'hygiène essentiels à votre compagnon, tout en vous permettant de passer du bon temps ensemble.

Observez-le un instant. Que fait votre chien en ce moment ? Ronfle-t-il sur le divan puisqu'il n'a rien à faire ou vous regarde-t-il, étant en quête de quelque attention ? Allez, prenez sa laisse et emmenez-le faire une promenade.

Expliquez-lui avec grand enthousiasme que vous êtes tous les deux sur le point de commencer une belle aventure. Vous aurez déjà fait la moitié de la route en convainquant votre chien du plaisir prochain… d'être important, d'être beau et de partager du temps avec vous.

Si vous parcourez cette route en me laissant vous guider, vous reviendrez de cette aventure avec de nombreux souvenirs et, surtout, avec un ami très cher puisque nous le savons tous : c'est par les voyages qu'on apprend le mieux à se connaître.

Bonne route à tous les deux !

1
LE TOILETTAGE MAISON :
POURQUOI ?

Les animaux sauvages n'ont pas besoin de salon pour s'adonner au toilettage. Tous les animaux à fourrure non domestiqués prennent grand soin de leur pelage qui a été patiemment développé par la sagesse de la nature. Sans doute avez-vous pu observer leur comportement dans des documentaires à la télévision ; les animaux se toilettent longuement entre eux pour entretenir leur fourrure. Ils le font pour trois raisons bien précises :

1. pour débarrasser leur poil de ses impuretés ;
2. pour communiquer avec autrui par le toucher ;
3. pour affirmer leur rang dans la hiérarchie du groupe auquel ils appartiennent.

Ces raisons valent la peine d'être analysées puisque ce sont les mêmes qui justifient vos soins de toilettage maison, car votre famille est le groupe d'appartenance – la meute – de votre chien.

Débarrasser le poil de ses impuretés

De la poussière, de la terre, des morceaux de feuilles, de petites branches et d'autres substances volatiles comme celles qui se dégagent de la cuisson de vos aliments s'incrustent quotidiennement dans la toison de votre chien. Grâce à un entretien régulier, les poils de la brosse et les dents du peigne enlèvent ces impuretés qui donnent un aspect épais et défraîchi à sa fourrure. En lui prodiguant des soins réguliers, vous serez fier de votre chien qui aura une plus belle apparence. Sa fourrure sera plus propre entre les bains. Cela est important, car la majorité des chiens vivent dans les maisons. Si vous dormez avec votre chien, vous aurez encore plus de raisons de garder son pelage propre.

Communiquer par le toucher

Vous l'avez probablement expérimenté, un massage ou le geste d'un ami qui pose sa main sur votre épaule sont très agréables ; ils sont l'expression d'un langage qui ignore les mots, mais qui va droit au cœur. Tout comme l'être humain, le chien est très sensible au toucher. Un geste réfléchi et non violent sur son corps (comme les gestes qu'on accomplit en lui donnant des soins) est une voie royale pour lui transmettre votre affection et lui montrer que vous désirez prendre soin de lui.

Affirmer son rang hiérarchique

Le chien, à l'image de son ancêtre le loup, est soumis à un ordre hiérarchique. Un chien qui se trouve au bon échelon de sa hiérarchie familiale a plus de chances d'être équilibré mentalement et d'être heureux de son sort. Si vous souhaitez le bien-être de votre animal, vous devez adopter une attitude de chef de meute. L'activité de toilettage vous permet d'exercer ce rôle ; c'est un excellent exercice pour rassurer votre chien sur vos capacités à prendre soin de lui, et donc de la meute à laquelle il appartient.

Une activité de toilettage régulière vous permettra d'atteindre ces objectifs et, conséquemment, d'améliorer votre relation avec votre chien et de le rendre confiant et heureux. Mais ce n'est pas tout !

Raisons de plus !

Il existe encore trois excellentes raisons pour justifier vos soins à domicile. Avouez que vous n'imaginiez pas qu'il y en aurait autant. Les voici :

1. abandonner des peurs ;
2. prévenir pour mieux guérir ;
3. être autonome.

Abandonner des peurs

Beaucoup de propriétaires, par manque d'information ou de formation, ne se sentent pas pleinement confiants face à leur compagnon canin. Ils ignorent souvent comment agir ou réagir avec lui et de quelle manière interpréter ses comportements. L'exploration tactile, les échanges relationnels entre vous et votre chien, ainsi que l'observation attentive de l'animal, toutes comprises dans l'activité de toilettage à domicile, vous permettront de mieux connaître physiquement et psychologiquement votre animal de compagnie. Au fur et à mesure que vous apprendrez à le connaître, vous laisserez tomber vos craintes causées par l'ignorance et l'incompréhension. Vous interviendrez plus aisément auprès de votre chien dans toutes sortes de situations.

Prévenir pour guérir

Dans la vie de tous les jours, vous observez votre corps et tenez compte de son évolution : que ce soit au moment de la douche, pendant que vous brossez vos cheveux, chaque fois que vous passez devant un miroir ou lorsque vous enfilez vos vêtements, vous apprenez quelque chose de vous-même et y réagissez au besoin. Avec des moyens différents, votre chien prend lui aussi conscience de ses problèmes corporels ; il ne peut cependant pas vous le faire remarquer durant les pauses publicitaires de votre émission de télévision préférée !

Le toilettage régulier de votre animal, grâce à l'observation visuelle et tactile que cette activité vous impose, vous permet de constater des modifications physiques : apparition d'une verrue, blessure à une patte, infection aux oreilles, griffes trop longues, etc. Cela est important puisqu'il s'agit de son bien-être : plus vite vous réagirez, plus le problème sera réglé facilement. Ne laissez pas votre chien souffrir inutilement.

Être autonome

Vous serez un allié précieux du toiletteur professionnel. Vous connaîtrez en effet le seuil de tolérance de votre chien relativement au toilettage. Vous serez au fait de problèmes physiques qui doivent être pris en compte lors d'un toilettage et vous connaîtrez la condition réelle de sa fourrure, sur le dessus comme en dessous (surtout, en dessous !).

Vous pourrez ainsi décider, en accord avec le toiletteur – et non en vous fiant uniquement à lui – du choix de la tonte ou du toilettage professionnel que requiert votre chien. Vous pourrez même demander au toiletteur de ne pas toucher à certains points sensibles, de façon à pouvoir le faire vous-même, de retour à la maison.

Dans le cas où votre chien aurait besoin des soins d'un vétérinaire, celui-ci appréciera votre sens de l'observation et les connaissances que vous aurez acquises à son sujet. Cela lui permettra de poser plus facilement un diagnostic lorsque vous lui rapporterez les détails que vous aurez notés, par exemple, l'évolution d'une plaie, la date approximative de son apparition et d'autres problèmes apparus au même moment, qu'ils soient d'ordre physique ou comportemental. Il est toujours préférable de consulter un vétérinaire pour traiter un problème que vous aurez vous-même détecté, plutôt que de laisser ce professionnel vous annoncer que votre animal souffre depuis longtemps…

Toutes ces raisons ne vous paraissent-elles pas suffisantes pour vous inciter à brosser votre chien ? Bien entendu, cela exigera de vous quelques efforts, surtout au début ! Vous serez récompensé en possédant un beau chien, bien dans sa peau, confiant et heureux. Soyez responsable. Soyez *vous aussi* le meilleur ami de votre chien !

2
LES ACCESSOIRES

J'insisterai sur le fait que vous devriez toujours vous procurer vos accessoires dans un salon de toilettage. Selon moi, seuls des gens d'expérience sauront vous conseiller sur les instruments qui conviennent à l'entretien de la fourrure de votre chien.

Les animaleries proposent, pour leur part, plusieurs produits intéressants comme des shampoings, des conditionneurs, des nettoyeurs pour les oreilles ou pour les yeux, etc. Les cliniques vétérinaires offrent d'excellents produits spécialisés ou médicamentés pour laver les peaux fragiles, nettoyer les oreilles, les dents, les yeux et donner une haleine fraîche, etc.

Comment se les procurer

Je demande souvent à mes clients de me dire de quel genre de brosse ils se servent. La plupart me répondent que leur brosse est pareille à la mienne. Je sais, pour l'avoir constaté ensuite, que leur brosse est pourtant loin de ressembler à la mienne. Pour un non spécialiste, toutes les brosses se ressemblent : elles sont munies d'une poignée et d'une structure plate garnie de poils plus ou moins durs.

Mais entre deux brosses de marques différentes, il peut y avoir un écart important de qualité et d'efficacité. Soyez minutieux lorsque vous choisissez vos accessoires.

Repérez un salon de toilettage et, si possible, amenez votre chien avec vous. Que vous soyez ou non client de ce salon, demandez qu'on vous conseille sur l'achat de vos instruments pour un entretien de base à la maison. Lorsque l'on vous suggère un instrument, n'hésitez pas à demander si c'est celui-là qu'ils utilisent eux-mêmes pour traiter une fourrure comme celle de votre chien. Si on vous le confirme en vous présentant par exemple une bonne vieille brosse, empoignez-la et essayez-la sur votre animal. Vous pourrez juger vous-même de son efficacité et de sa qualité. Faites de même avec tous les instruments dont vous avez besoin.

Dans le cas où ces articles ne sont pas disponibles lors de votre visite au salon de toilettage, n'hésitez pas à les commander. Il est souvent préférable d'attendre une semaine ou deux et de se procurer des instruments de qualité, agréables à utiliser et durables.

Des choix judicieux

Pour tous les chiens

Le taille-griffes
Il existe deux modèles de taille-griffes : l'un est à guillotine et le second est semblable à des ciseaux et est muni de lames courtes et creuses.

Le taille-griffes à guillotine possède une lame coupante et glissante qu'on actionne avec les poignées lorsqu'on les referme. Avec ce modèle, il faut être particulièrement prudent et veiller à *placer la lame glissante du côté de la pointe effilée de la griffe, et non vers l'intérieur du pied*; autrement, à cause de l'épaisseur de la lame, on risque de couper plus de griffe que nécessaire.

Le taille-griffes semblable à des ciseaux est utilisé par un grand nombre de toiletteurs. Vous le trouverez en petit format (pour les chiens de petite taille) ou en grand format (pour les chiens plus gros). Il s'utilise comme des ciseaux ; l'important est de s'assurer que les lames ne sectionnent pas la racine de la griffe.

Le coagulant
Le coagulant sert à arrêter les saignements lorsqu'une veine est sectionnée. Le Quick Stop est un coagulant très efficace vendu dans les salons de toilettage, dans les animaleries et dans les cliniques vétérinaires. Vous devrez débourser quelques dollars, mais ce petit contenant durera longtemps. Vous pouvez également utiliser de la fécule de maïs ou une barre de savon. Personnellement, je préfère le Quick Stop, mais attention, il existe d'autres marques moins efficaces !

Le nettoyeur pour les oreilles
Procurez-vous un nettoyeur spécialisé pour les chiens. Si les oreilles de votre chien sont souvent infectées, consultez un vétérinaire qui vous conseillera un produit approprié. N'oubliez pas de vérifier la date de péremption avant l'achat. Vous pouvez aussi utiliser les serviettes humides pour bébé vendues en boîtes, de l'huile minérale ou de l'huile d'olive. Elles sont efficaces et vous en avez peut-être déjà à la maison, tout comme les tampons d'ouate qui vous seront utiles pour effectuer le nettoyage.

Le gant de brossage (pour le bain)
Il peut s'agir d'un gant ou d'une surface ovale ou rectangulaire en caoutchouc garnie de pointes rigides, aussi en caoutchouc, sur l'une des faces ou sur les deux. Choisissez un gant qui conviendra à la grosseur de votre chien. Vous trouverez également un article semblable mais plus souple dans les pharmacies, au rayon des produits pour le bain. Ces articles vous seront utiles pour laver votre chien, mais évitez de l'utiliser sur sa tête ou sur ses parties génitales.

Le tapis antidérapant
C'est un article indispensable que vous disposerez sur le plan de travail puis dans la baignoire. Utilisez un simple tapis de bain ou tout autre tapis ou napperon antidérapant suffisamment grand pour que votre chien y soit à l'aise. À ne jamais oublier !

La crème pour les yeux

Certains chiens ont les yeux sensibles. Si c'est le cas de votre chien ou si vous craignez que le shampoing n'irrite ses yeux, vous pouvez employer de la gelée de pétrole (Vaseline). Vous pouvez aussi vous procurer Homéoplasmine, une crème homéopathique fabriquée par Homéocan. Après le bain, essuyez les yeux de votre chien avec un papier mouchoir pour enlever l'excédent de crème.

Les premiers soins

La crème Homéoplasmine et le gel d'aloès permettent d'apaiser la douleur causée par les irritations de la peau qui peuvent survenir lors du démêlage ou du brossage, à cause de coupures mineures (sans saignement) et d'égratignures.

Pour les chiens à poil court

Le gant de brossage

Procurez-vous un gant de brossage qui servira à la fois pour le brossage et le bain.

Un couteau amincisseur

Si votre toiletteur possède cet accessoire, utilisé pour faire de l'épilation et appelé un amincisseur, essayez-le sur la fourrure de votre chien. Utilisé comme un peigne, il a pour effet d'enlever une quantité de poils et de sous-poils en conservant un aspect naturel à sa fourrure. Si cet instrument s'avère efficace, commandez-en un; vous ne retrouverez pas cet accessoire spécialisé en animalerie ou chez le vétérinaire.

Un râteau ou une brosse

Si le poil de votre chien est épais, vous ferez bien de vous procurer un râteau en métal. Cet instrument travaille en profondeur et peut retirer une grande quantité de poils morts. C'est un des accessoires les moins chers et les plus performants.

Vous pourrez également employer une brosse. Personnellement, j'utilise la brosse de marque Universal. Pour les parties sensibles du corps (têtes, oreilles, queue, visage) j'utilise une brosse douce Lawrence.

Pour les chiens (rasés ou non) à poil mi-long ou long

Le démêleur

Voilà un accessoire absolument indispensable. Le démêleur n'est pas un peigne, c'est un instrument qui sert à défaire les nœuds. Certains démêleurs ont des lames très coupantes, veillez donc à ne pas déposer le vôtre sur la table sur laquelle vous travaillez durant les séances de toilettage, à moins de le mettre à l'envers, le côté coupant des lames vers la table.

Le produit démêleur

Il s'agit d'un liquide que l'on vaporise sur les nœuds et qui facilite l'opération de démêlage. Il permet donc d'éviter des douleurs à votre chien au cours de cette opération délicate. Malheureusement, ce produit n'est pas magique et ne défait pas les nœuds tout seul. C'est dommage, mais vous devrez aussi utiliser le démêleur.

La brosse et le râteau

Il est très important que votre brosse soit de bonne qualité. Ses poils ne doivent pas être mous, car ils glisseraient sur les nœuds et ne vous permettraient pas de les trouver. Assurez-vous aussi d'avoir une prise confortable sur le manche. J'utilise pour ma part la marque Universal. Pour les parties sensibles (tête, oreilles, queue, visage) j'utilise une brosse douce Lawrence.

Si votre chien a beaucoup de sous-poil, – c'est le cas du golden retriever, du berger allemand, des bouviers, des chiens de type nordique ou des bergers, des spitz, etc. – procurez-vous un râteau. Ce petit instrument métallique enlève le poil mort en profondeur. Vous aurez cependant quand même besoin du démêleur et de la brosse pour la queue, les fesses, le cou et la jupe.

Le peigne

Le peigne est un autre outil indispensable. Choisissez-le de préférence en métal. Si votre chien a beaucoup de sous-poil, achetez un peigne muni de dents alternées de deux longueurs différentes.

Procurez-vous un peigne qui soit bien adapté à votre main et avec lequel vous êtes à l'aise pour travailler. Vous devez pouvoir le tenir solidement sans effort.

Le peigne à puces

Voici un petit instrument magique qui ne coûte presque rien. On en trouve en plastique mais je conseille ceux qui sont fabriqués en métal. Ces peignes aux dents incroyablement rapprochées vous serviront à nettoyer les coins des yeux de votre chien, sa moustache remplie de morceaux de biscuits et même le contour de son anus. Attention cependant de ne pas toucher l'anus !

Autres accessoires

La lime

Vous pouvez limer les griffes de votre animal pour les rendre plus lisses. Achetez une lime ou fabriquez-en une à l'aide d'un morceau de bois mince et léger comme ceux que l'on vous remet pour mélanger la peinture. Raccourcissez-le et collez-y une languette de papier sablé fin ou moyennement fin. Cette lime qui ne vous coûtera presque rien est très efficace et vous n'aurez qu'à changer le papier sablé lorsqu'il sera usé.

Le nettoyant pour les coins des yeux

On peut se procurer ce liquide au salon, en animalerie ou chez le vétérinaire. Il est d'une certaine efficacité si on se donne la peine de l'employer tous les jours, mais sachez qu'il vous sera presque impossible de faire disparaître complètement les taches brunâtres au coin des yeux de votre chien.

Les ciseaux

Si vous songez à les utiliser régulièrement, optez pour des ciseaux de coiffeur ou de toiletteur. Mais ne réservez leur usage qu'aux poils de votre chien. Les ciseaux des toiletteurs sont conçus pour être tenus du bout de deux doigts, le pouce et l'annulaire. Si vous les insérez au fond de vos doigts comme vous le feriez pour couper du papier, ils perdront leur efficacité. Au début, travaillez lentement jusqu'à ce que vous soyez à l'aise et que vous les maîtrisiez bien. Utilisez-les pour couper les poils autour du museau, des coins des yeux et des organes génitaux, pour tailler la frange, la jupe, les poils dépassant des pieds et des sous-pieds ou pour défaire les nœuds et non les couper au ras de la peau en risquant de la blesser.

Les petits ciseaux (très courts)

Ils servent à couper les poils des sous-pieds, les poils au coin des yeux ou ceux de la moustache. Certains ciseaux ont les pointes arrondies, mais ils ne sont pas plus efficaces que ceux à pointes effilées.

La muselière est-elle indispensable ?

La muselière ne devrait être utilisée que temporairement pendant l'opération de toilettage. La plupart des gens n'aiment pas y recourir, mais il est parfois néces-saire et plus prudent de le faire. Au moment de vous en procurer une dans une animalerie, essayez-en quelques modèles sur votre chien. Vous pouvez aussi aisé-ment en fabriquer une vous-même en utilisant un lacet de soulier ou une bande de tissu. Nouez-le au-dessus du museau avec un seul nœud, puis rabattez les extrémités et faites un autre nœud en dessous du museau. Passez ensuite les bouts du lacet de chaque côté de la tête, puis nouez-le solidement à l'arrière de la tête

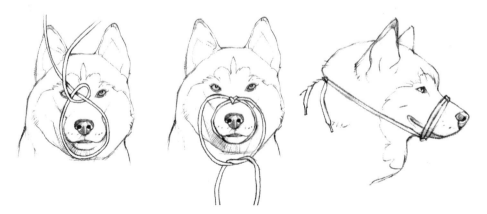

Avec la muselière, le chien doit respirer aisément sans pouvoir mordre.

du chien. Vous saurez avec le temps et l'expérience, quelle tension exercer sur les nœuds pour éviter une morsure. Si son museau est court, assurez-vous que ses narines ne se sont pas refermées par la pression du lacet.

La brosse pour poil frisé

Informez-vous auprès d'un toiletteur, il a peut-être en sa possession cet instrument spécialisé, bien qu'on en voie rarement. Il s'agit d'un râteau en forme de V muni de quelques dents en métal droites et bien distancées les unes des autres. Ce râteau sert à peigner les poils de manière à en conserver les boucles, sauf sur la tête et la queue. Notez cependant que la majorité des propriétaires de caniches ou d'autres chiens à poil frisé utilisent une brosse ordinaire qui lisse la fourrure.

La poudre pour épiler les oreilles

Cette poudre facilite l'épilation des oreilles et évite les douleurs. N'hésitez pas à débourser quelques sous pour vous procurer ce produit si les oreilles de votre chien ont besoin d'être épilées.

3
UNE PEAU ET UN POIL
EN BONNE SANTÉ

Pour obtenir une peau en santé et une fourrure resplendissante, des séances de toilettage maison et de type professionnel ainsi que le recours aux services d'un vétérinaire sont indispensables. Voici deux autres facteurs que vous pouvez contrôler au quotidien : procurer à votre chien une saine alimentation et utiliser des produits capillaires de qualité.

La peau

La peau de votre chien est constituée d'environ 70 % d'eau, de 27,5 % de protéines, de 2 % de lipides et de 0,5 % de sels minéraux (calcium, sodium, magnésium, phosphore, potassium).

Sous la peau, se trouve l'hypoderme – une couche de graisse sous-cutanée – sur lequel repose le derme, invisible à l'œil. Le derme est la partie vivante de la peau. C'est dans le derme que l'on retrouve entre autres les follicules pileux à l'intérieur desquels sont formés les poils, ainsi que les glandes sébacées qui servent à l'hydratation des poils. Ceux-ci doivent traverser l'épiderme avant qu'on puisse les voir.

L'épiderme, qui mesure 0,2 mm, est constitué d'une série de couches de cellules mortes. Les pellicules composent une partie de l'épiderme arrivé à la toute dernière phase du cycle de formation de la peau. Il est donc naturel qu'elles se détachent de la peau, mais il arrive parfois que ce processus devienne excessif ou problématique.

Le poil

Chaque poil qui compose la fourrure est constitué d'une tige principale munie de deux à cinq petites tiges. Il y a aussi le duvet qui est situé à la base des tiges principales. La fourrure d'un chien est déterminée génétiquement et varie d'une race à l'autre. Par exemple, on ne trouve pas de tiges secondaires dans la toison d'un boxer ; il ne possède donc pas de duvet. On calcule qu'il y a dans la toison d'un chien entre 100 à 600 tiges au centimètre carré, incluant les tiges secondaires.

La croissance du poil est à son maximum en été : 50 % en croissance et 50 % en dormance. Durant cette période, les poils peuvent pousser d'environ 0,04 à 0,4 mm par jour. En hiver, environ 80 % du poil est en dormance. Ce sont principalement les tiges secondaires qui tombent lorsque la fourrure mue (température, luminosité, chauffage, atmosphère, etc.).

Une alimentation équilibrée

On sait que la survie des Inuits était autrefois intimement liée à leurs chiens d'attelage. La santé et la robustesse de leurs bêtes étaient pour eux d'une extrême importance. Sans autre connaissance médicale que celle qu'il a découverte intuitivement, ce peuple nordique a lui-même développé une expertise qui repose sur l'observation et sur l'expérience : « Au printemps, nous faisions de notre mieux pour nous assurer que les chiens se débarrassent de leur vieille fourrure. C'est la saison où nous portions le plus attention à l'alimentation des chiens, même lorsque la nourriture était rare... S'ils n'ont pas une alimentation équilibrée, leur fourrure ne se renouvelle pas et ils semblent perdre le désir de vivre. C'est un fait connu... On juge de la santé d'un chien par l'état de sa fourrure[1] » écrit Paulusie Weetaluktuk, un vieil Inuit qui se souvient. L'année durant, les familles veillaient donc à offrir une alimentation équilibrée et variée à ces animaux qui leur étaient indispensables.

De nos jours, nous avons la chance de profiter des résultats de recherches de scientifiques qui ont étudié le sujet et qui mettent leurs connaissances à notre disposition. Selon Chantale Robinson, biologiste, technicienne en santé animale et spécialiste en nutrition animale, l'alimentation de votre animal revêt la plus grande importance. Après tout, on dit que : « Nous sommes ce que nous mangeons » ! Cette maxime s'applique également à l'espèce canine, car l'état de santé d'un chien est révélé, entre autres, par la condition de sa peau et de sa fourrure. Le régime alimentaire d'un chien doit être constitué de protéines animales de bonne qualité, de vitamines, de minéraux et d'une excellente source de carbohydrates, afin de combler ses besoins énergétiques, de maintenir ses organes en bon état et de permettre la construction ou la réparation de ses tissus.

La peau, qui est elle aussi un organe du corps, a des besoins nutritifs spécifiques pour évoluer sainement. S'il y a un déséquilibre ou une déficience dans l'alimentation d'un chien, son organisme sera sélectif dans l'utilisation des nutriments ingérés ; il utilisera les éléments disponibles dans l'alimentation afin de combler les besoins importants de son métabolisme ou d'organes comme le foie ou le cœur, le système immunitaire, etc. La peau et la fourrure seront les dernières à bénéficier des éléments nutritifs contenus dans les aliments ingérés. Les carences nutritives peuvent causer un excès de pellicules, une peau sèche ou grasse, des démangeaisons, des dommages aux follicules des poils, une infection de la peau, la perte de poils, une fourrure sans éclat, etc.

Un régime équilibré doit contenir des protéines animales, des végétaux, et des gras essentiels. Cela permet de conserver une peau et une fourrure saines. Une nourriture commerciale de qualité, sèche ou en conserve, ne devrait pas

---

1. Weetaluktuk, Paulusie. « Une bonne alimentation pour les chiens », dans *Tumivut. La revue culturelle des Inuits du Nunavik,* n° 12, printemps 2002, p. 42, Cahier spécial *Qimmiit. Chiens esquimaux.*

contenir de sous-produits de viande, de protéines provenant de produits céréaliers comme le maïs, de préservatifs artificiels chimiques, de BHT, BHI, Ethoxyquin. On devrait cependant trouver de la viande (d'aussi bonne qualité que celle dont se nourrissent les humains), des fruits et des légumes, du riz ou de l'avoine et des préservatifs naturels (vitamines A, C et E, romarin, tocophérol (vitamine E), bêta-carotène).

Quelques suppléments devraient être ajoutés aux repas de votre chien si vous constatez une absence de viande de qualité, de fruits ou de légumes et de gras dans son alimentation quotidienne. Vérifiez la liste des ingrédients sur les contenants de nourriture commerciale sèche ou en conserve, ou dans le contenu de son écuelle si vous préparez vous-même sa nourriture. Si votre animal consomme une nourriture commerciale de qualité, vous pouvez aussi offrir ces aliments en guise de gâteries. Comme pour notre propre alimentation, la variété assure un meilleur équilibre.

Les suppléments appropriés

Les protéines

Le menu de votre chien doit contenir des protéines animales de première qualité, c'est-à-dire d'aussi bonne qualité que pour les humains. Offrez-lui quotidienne-ment de la viande cuite : bœuf, volaille (sans les os), agneau, thon, morue, mais pas de porc. Ou encore un peu de viande hachée mi-maigre crue. Vous pouvez également lui proposer occasionnellement des œufs cuits, du fromage cottage ou des légumineuses – lentilles, fèves rouges, tofu, haricots pinto ou navy, etc. Ces aliments remplacent la viande lors d'un repas.

Les abats (offerts en trop grande quantité, ils peuvent provoquer la diarrhée) et les laitages sont aussi de bonnes sources de protéines. Le foie, qui contient beaucoup de vitamine A, peut être toxique si vous en donnez en trop grande quan-tité. Ne l'offrez qu'en guise de gâterie si votre chien consomme une nourriture commerciale de qualité.

Si vous cuisinez vous-même les repas de votre chien, consultez votre vétérinaire ou votre nutritionniste animal afin de vous assurer que son alimentation contient suffisamment de vitamine A. Attention de ne pas essayer de remplacer les petites gâteries riches en vitamine A par des suppléments synthétiques de vitamine A, ce qui pourrait entraîner de graves intoxications.

L'absorption de viande, de poisson, de lait, d'huîtres, de fromage cottage et d'œufs permettra à votre chien d'accumuler des réserves de B_{12}, une vitamine qui peut prévenir les problèmes de peau sensible et sujette aux ecchymoses.

Les vitamines et les minéraux

Les vitamines et les minéraux se retrouvent dans différents groupes alimentaires, particulièrement dans les fruits et les légumes. Les vitamines liposolubles (A, D, E et K) sont emmagasinées dans le corps et ne sont utilisées que lorsque c'est nécessaire. La vitamine A joue un rôle essentiel dans le développement et le maintien d'une peau saine et d'un système immunitaire efficace.

Les vitamines B et C jouent pour leur part un rôle important dans l'activité cellulaire, le fonctionnement du système immunitaire et le maintien d'une peau et d'une fourrure en santé. Ces vitamines hydrosolubles sont absorbées directement par le corps et utilisées immédiatement. Elles ne sont pas emmagasinées par l'organisme (sauf la vitamine B_{12}). Il faut donc qu'elles fassent partie du menu quotidien.

Prévoyez des légumes et des fruits, crus ou cuits. Les légumes et les fruits riches en vitamines A, B et C sont les melons d'eau, les pois verts, les épinards, le brocoli, les carottes, les pommes, les bananes, les oranges, les navets, les asperges, tous les légumes verts, les tomates ou le jus de tomate, les poivrons rouges, les kiwis, les mangues, les pois mange-tout, les cantaloups. Les avocats, les choux et les oignons sont contre-indiqués. Les pommes de terre, les patates douces et les navets doivent être cuits.

D'autres aliments contiennent aussi des vitamines. Ce sont les céréales telles que les Corn Flakes, et les Rice Crispies, ainsi que le riz blanc, le gruau et le beurre d'arachide. Veillez à les intégrer à la nourriture quotidienne de votre chien.

Les minéraux sont essentiels au bon fonctionnement de l'organisme. Le zinc et le cuivre maintiennent la peau en santé et renforcent le système immunitaire. Une déficience en minéraux est susceptible de causer des problèmes d'épiderme tels que les démangeaisons, la perte de poils ou la dépigmentation du poil. N'oubliez pas d'inclure des aliments riches en minéraux dans l'écuelle de votre chien ou servez comme gâteries des huîtres, de la viande rouge, des légumes verts, des carottes et des tomates.

Les gras essentiels

Pour répondre aux besoins en gras essentiels (Oméga 6) de la peau et du poil de votre chien, ajoutez de l'huile de tournesol ou de carthame à son alimentation quotidienne, soit 1 c. à thé (pour les petits chiens) ou 1 c. à soupe (pour les grands). Utilisez de préférence une huile pressée à froid.

Durant des périodes de stress que traverse votre chien (les périodes d'allergies ou de mue), alternez les huiles de tournesol et de carthame avec de l'huile de canola. Cette dernière, une bonne source d'Oméga 3 et 6, est excellente pour préserver son système immunitaire. Ne lui donnez pas d'huile de noix de coco ni de chocolat, car ces deux produits sont toxiques pour lui.

Lors de la mue, qui requiert beaucoup d'énergie, des suppléments de vitamines, de gras essentiels et de protéines animales de grande qualité aideront l'organisme du chien à traverser cette période difficile. Misez sur des suppléments qui se trouvent déjà dans la nourriture plutôt que des suppléments vitaminés synthétiques (commerciaux).

Si vous pensez que le régime alimentaire de votre chien est déficient et que vous désirez l'enrichir par des suppléments vitaminés synthétiques (commerciaux), consultez un vétérinaire ou une nutritionniste animale qui vous aidera à faire les bons choix. Certains minéraux et vitamines peuvent lui être nuisibles, et peuvent même être toxiques s'ils ne sont pas dosés selon les besoins de votre chien. C'est le cas des vitamines liposolubles A, D, E et K qui s'emmagasinent dans le foie et les tissus adipeux.

Des produits capillaires de qualité

L'importance d'un bon shampoing

Saviez-vous que les problèmes de peau constituent l'une des principales raisons des visites chez le vétérinaire ? Il faut donc mettre toutes les chances du côté de votre animal et ne pas hésiter à investir dans des produits capillaires de qualité.

Nous avons tendance à penser que le chien est physiquement et biologiquement plus résistant que l'humain parce qu'il est un animal. Benoît Fortier, producteur des produits capillaires pour animaux de compagnie Nature-O-Poil, soutient pour sa part que les chiens ont une peau plus délicate et plus fragile que celle des humains.

Leur peau est moins bien adaptée que la nôtre aux bains fréquents qu'exige le mode de vie qu'il partage avec nous. Il devrait donc être lavé avec un produit de qualité qui soit adapté à sa peau. L'utilisation d'un shampoing pour humains sera nocif pour l'équilibre biochimique de sa peau. Le chien possède en effet une peau dont le pH est de 6,6 environ, alors que le pH de notre peau est de 5,6.

La qualité d'un shampoing pour chien ne se traduit pas par la quantité de mousse qui se forme. Il doit avant tout nettoyer sans irriter ou dessécher la peau et se rincer facilement.

Optez pour un shampoing dont les ingrédients sont énumérés sur le contenant. Les produits sur lesquels ne figurent pas ces indications peuvent être de qualité douteuse. Il n'existe cependant pas encore de réglementation rigoureuse sur la question de l'étiquetage.

Dans la composition du shampoing, on trouve des surfactants qui sont en fait des matières grasses ou des détersifs. Encore ici, méfiez-vous des produits bas de gamme. Ces shampoings contiennent souvent des surfactants de mauvaise qualité plus économiques pour le producteur, mais qui donnent des shampoings qui peuvent irriter et assécher la peau tellement ils nettoient bien.

On trouve également dans la composition des shampoings des produits traitants. Il en existe plusieurs, dont le millepertuis (efficace contre les allergies et qui active la circulation sanguine), l'avocat (un émollient), l'olive (pour la brillance du poil), et l'amande (un autre émollient), ainsi que des extraits de plantes comme la bardane, la camomille et le chèvrefeuille. Parmi les produits traitants dont la liste figure sur la bouteille, recherchez particulièrement de l'huile de germe de blé, des protéines de blé ou du lait d'avoine. Méfiez-vous des shampoings bon marché qui sont censés contenir des produits traitants : ceux-ci sont généralement inclus en quantité infinitésimale.

Choisissez un shampoing qui s'utilise tel quel plutôt qu'un produit à diluer (5 dans 1, 10 dans 1, etc.). Vous diminuez l'effet des produits traitants lorsque vous ajoutez de l'eau au shampoing concentré. D'autre part, si une longue période s'écoule avant que vous n'utilisiez le reste du shampoing déjà dilué, l'eau aura eu pour effet de diminuer l'efficacité des produits de conservation. Cela pourrait causer la formation de bactéries dans le shampoing. Si vous utilisez ce type de produits, veillez à ne diluer que la quantité nécessaire pour chaque utilisation.

Le shampoing en pâte est très puissant, mais il contient beaucoup de détersif et aura tendance à assécher la peau. Si vous l'employez, appliquez un conditionneur après le shampoing.

Le conditionneur
Un conditionneur de qualité devrait contenir des extraits de plantes, des huiles essentielles, des vitamines ainsi que des provitamines. Son utilisation régulière procure entre autres les avantages suivants :

- Il assouplit l'épiderme ;
- il nourrit et hydrate le système capillaire ;
- il facilite le démêlage en rendant les tiges des poils plus malléables et contribue à repousser la poussière et les saletés durant quelques jours ;
- il diminue la quantité d'électricité statique qui s'accumule dans la fourrure et rehausse le lustre du poil ;
- il facilite le rééquilibrage du pH.

Il existe deux types de conditionneurs sur le marché : ceux qui nécessitent un rinçage et ceux sans rinçage. Pour vous assurer de nourrir adéquatement l'épiderme, choisissez-en un qui ne nécessite pas de rinçage et suivez le mode d'emploi inscrit sur l'étiquette.

Le parfum

Il n'est pas recommandé d'employer de parfum sur un chien, car cela risque d'irriter son épiderme et d'agresser son odorat délicat. Si vous tenez à le parfumer, utilisez des essences naturelles et sans alcool.

4
ALLEZ, ON COMMENCE !

vant de commencer, voici quelques conseils et mises en garde afin de pouvoir travailler en sécurité et d'accorder toute votre attention au bien-être de votre chien.

1. Cette activité requiert une attention constante à l'égard de l'animal et une compétence que seul un adulte peut avoir.

2. Durant toute l'opération, assurez-vous d'avoir votre chien à l'œil à tout moment. Si vous devez vous éloigner un instant, même pour quelques secondes, gardez votre animal avec vous, sur vous ou en laisse. Cette précaution pourra vous éviter de le pourchasser dans la maison ou d'avoir à le tirer de dessous un meuble. Ou bien, veillez à ce qu'il soit surveillé par quelqu'un qui restera près de lui. Si, durant le travail, vous devez tourner le dos à l'animal, par exemple pour saisir un instrument derrière vous, placez votre main sur le dos du chien pendant que vos yeux ne sont pas posés sur lui. Croyez-moi, deux secondes d'inattention sont suffisantes pour qu'un chien saisisse l'occasion de sauter de la table au risque de se blesser.

3. Il vaut mieux ne pas effectuer certaines opérations pouvant comporter des risques, comme lors de l'utilisation de ciseaux, si vous n'êtes pas sûr de vos capacités ou si vous éprouvez du mal à évaluer le comportement de votre chien en de

telles circonstances. Un toiletteur expérimenté pourra accomplir ces tâches à votre place.

4. N'utilisez que des produits et des accessoires de qualité.

5. Manipulez votre chien avec douceur et précaution.

6. Observez-le bien durant toute l'opération afin d'adapter ou de modifier votre comportement et vos interventions.

7. Si le chien est malade ou s'il semble anormalement inquiet ou stressé, remettez à plus tard votre séance de toilettage.

8. Amenez-le en promenade avant de commencer. Cela lui permettra de faire ses besoins et de se fatiguer un peu…

L'installation

Le plan de travail

Quelle que soit la taille de votre chien, vous devriez idéalement l'installer sur une table ou un comptoir à une hauteur qui vous assure une position confortable. De cette manière, vous ménagerez votre dos et vous aurez aisément accès à toutes les parties de son corps. Beaucoup de chiens sont d'ailleurs plus calmes lorsqu'ils sont placés en hauteur.

Si votre animal pèse plus de 18 kg, demandez l'aide d'un tiers pour l'installer sur la table. Vous pouvez également travailler sur le sol, mais ce sera beaucoup plus difficile et votre dos s'en ressentira.

Si votre chien est de petite taille, vous voudrez peut-être le tenir sur vous alors que vous êtes vous-même assis sur une chaise. Vous ne pourrez cependant pas accomplir un travail d'aussi bonne qualité si vous êtes trop près de l'animal. La distance physique est un point à ne pas négliger si vous voulez que votre chien comprenne que vous n'êtes pas sur le point de le cajoler ou en situation de surprotection. Il doit apprendre à collaborer et se montrer confiant lors des opérations de toilettage. En revanche, cela vous amènera peut-être à le brosser plus souvent, par exemple en écoutant la télé. N'oubliez pas de faire quand même des séances sur table pour vous assurer que son poil est en bon état sur toute la surface de son corps.

Si vous comptez toiletter votre chien régulièrement, il pourrait être avantageux de vous procurer un poteau de table de toilettage et une corde d'attache comme ceux qu'utilisent les toiletteurs professionnels. Ce poteau métallique a la forme d'un « L » à l'envers et il est muni d'un anneau conçu pour y fixer la corde d'attache. Son système de fixation vous permet de l'installer à presque n'importe quelle table et la hauteur du poteau est ajustable. La corde d'attache, en forme de loupe, est munie d'un crochet à une extrémité pour être fixée à l'anneau. En passant la tête de l'animal à l'intérieur de la loupe, vous pouvez en ajuster l'ouverture à l'aide d'un anneau en plastique amovible. Vous pouvez commander ces accessoires à votre animalerie ou à un salon de toilettage. Vous pouvez aussi utiliser son collier et sa laisse que vous fixerez à une installation de fortune que vous aurez bricolée ou le maintenir manuellement.

N'oubliez jamais que, peu importe le moyen choisi pour tenir votre chien, vous devez absolument le garder à l'œil en tout temps. Une personne de votre entourage pourrait aussi vous aider et le tenir en place. Cette personne pourrait d'ailleurs être d'un grand secours en distrayant votre chien lorsque vous effectuerez des tâches plus délicates. Un grand chien toiletté au sol peut être attaché à une poignée de porte, à la condition que personne n'utilise cette porte durant le travail.

En somme, veillez à ce que votre installation assure la stabilité de votre chien, qu'elle l'empêche de tomber s'il est placé en hauteur, et qu'elle élimine les possibilités que votre chien reste suspendu dans le vide s'il lui arrivait de glisser de la table.

Cela dit, ne soyez pas craintif inutilement ; beaucoup de chiens resteront sagement sur la table pendant que vous travaillerez. Ayez surtout la préoccupation de le tenir à l'œil !

Préparez à l'avance tout ce dont vous aurez besoin. Si vous avez une petite table d'appoint ou si pouvez installer votre table de travail près d'un comptoir, vous pourrez utiliser ces rallonges pour déposer vos instruments durant le toilettage, car le bruit des instruments déposés sur la table peut être une source de stress pour votre chien.

N'oubliez pas de déposer sur votre table et dans la baignoire un tapis antidérapant avant d'y placer l'animal. Ce simple oubli qui amènerait votre chien à glisser pourrait altérer sa confiance et nuire à vos futures séances de toilettage. Des incidents sérieux pourraient également survenir.

Quoi qu'il en soit, maintenez bien en place votre chien sur la table. Ne le laissez pas aller et venir sur ce plan de travail. Encouragez-le de la voix et du toucher.

L'emplacement

Les opérations de toilettage libéreront une quantité de déchets de poils qui flotteront dans l'air et se déposeront sur le sol, sur les meubles et les objets. Choisissez donc une pièce appropriée comme le sous-sol ou un atelier. Vous pouvez aussi vous installer dans la cour si celle-ci est clôturée. Portez un tablier ou de vieux vêtements. Choisissez un lieu bien éclairé, car certaines opérations exigent une évaluation visuelle avant d'être exécutées.

Établir une étroite communication avec votre animal est essentiel. Choisissez un endroit calme où il ne risque pas d'être sollicité par des enfants qui jouent, dérangé par des conversations ou stimulé par des bruits soudains ou stridents venant de l'extérieur. Le chien est un être curieux et son sens de l'ouïe est bien plus développé que le nôtre. Il lui est très difficile de résister à l'envie de se retourner et de voir ce qui se passe quand il entend un bruit ou quand on parle ou qu'on rit. Il ne comprend pas que ces bruits ne sont pas liés à l'activité du moment et réagit à ce qu'il entend. En accaparant son attention, ces bruits risquent de couper toute la communication que vous avez instaurée entre vous et lui. Cela oblige à recréer une atmosphère d'entente entre vous, ce qui peut exiger du temps. Cette situation, si elle se répète à plusieurs reprises, peut vous amener à écourter ou à abandonner votre séance de toilettage, ce qui serait dommage.

Une question d'attitude

Votre attitude influence son comportement

Comment vous comportez-vous et comment se comporte votre chien lorsque vous le toilettez ? Est-ce une partie de plaisir ou, au contraire, de houleuses discussions et des cris ? Imaginez comment se comporte un toiletteur professionnel. Lorsqu'il a commencé dans le métier, il était inexpérimenté comme vous. Ce sont ses essais répétés qui ont su modifier son attitude et améliorer la qualité de son travail. Vous pouvez certainement en faire autant… et peut-être même vous découvrir des aptitudes insoupçonnées ! Si vous n'utilisez pas les services d'un professionnel, vous pourrez quand même vous retrouver dans les différents scénarios que voici.

Premier scénario : Le toiletteur parvient aisément à coiffer mon chien mais je n'y arrive pas du tout

J'entends souvent les gens justifier leurs réticences par des motifs comme ceux-ci : « Son premier maître le battait », « Il a fait un séjour dans un refuge pour animaux », « Quelqu'un lui a déjà fait mal », etc. Si ces faits sont véridiques, mais que le toiletteur réussit sans trop de difficulté à effectuer son travail, le problème vous appartient à vous et non pas au passé difficile de votre chien.

J'obéis à mon chien !

Obéissez-vous généralement à toutes ses demandes et cédez-vous à tous ses caprices ? Répondez honnêtement à cette question. Si vous répondez par l'affirmative, votre chien s'attendra à ce que vous adoptiez ce type de comportement lors des séances de toilettage. Il n'est pas facile de devenir l'employé quand on a l'habitude d'être le patron ! Vous devrez vous affirmer, ce qui pourra être difficile si vous n'en avez pas l'habitude. Vous ne pouvez pas jeter l'éponge et vous soumettre au chien comme s'il avait la capacité d'analyser et de prendre des décisions quant à ses besoins d'hygiène. Apprendre à toiletter son chien peut être une occasion d'apprentissage et même de croissance personnelle. Êtes-vous prêt à cela ?

Je ne suis pas capable

Combien de fois ai-je entendu cette excuse. Vous avez choisi d'avoir un chien ? Alors, devenez-en responsable ! Ce livre contient un enseignement, de nombreux conseils, des réflexions sur le toilettage, mais aussi des indications sur les besoins de votre compagnon et sur vos responsabilités de maître. Tous les propriétaires de chien peuvent accomplir plusieurs des étapes de toilettage. Ils seront même étonnés de découvrir des caractéristiques physiques et psychologiques de leur chien dont ils n'avaient jamais pris conscience auparavant. Serez-vous du nombre ?

J'ai peur de lui faire mal

Cette crainte provient souvent de la peur que nous entretenons vis-à-vis du corps de notre chien. Explorez son corps par des caresses conscientes et réfléchies, en le caressant du bout du museau jusqu'à la queue. Touchez-le partout, sauf aux endroits sensibles qu'il vous indiquera lui-même en vous donnant des signes de malaise ou d'inconfort. Vous constaterez que son corps n'a absolument rien de mystérieux. Si vous procédez comme je vous le recommande, vous ne risquez rien, aucun danger ne vous menacera davantage que lorsque vous brossez vos cheveux ! Si votre peur persiste, elle cache peut-être autre chose qui n'a aucun rapport avec votre chien et ses soins d'hygiène…

J'ai la désagréable impression de déplaire à mon chien

Vous redoutez de perdre son affection ? Cela est faux. Votre chien vous aime plus que tout. Lors des séances de toilettage, il peut être récalcitrant ou tenter de gagner son point, mais il comprend que vous prenez soin de lui. Vous devriez voir la joie qu'expriment mes petits clients quand je leur rends visite chez eux ! Ils n'en croient pas leurs yeux ! Ils courent dans la maison, m'apportent leurs jouets préférés et exigent que je les prenne sur mes genoux pendant toute la durée de ma visite. Même immédiatement après leur toilettage professionnel, les chiens insistent pour que je les prenne si je m'assieds près d'eux : ils savent que le travail de toilettage est terminé et ils passent à autre chose mentalement.

Est-ce que je fais des projections ?

En psychologie, la projection est un mécanisme de défense par lequel un sujet reporte sur autrui les sentiments et les impressions qui lui appartiennent. Plusieurs personnes ont tendance à vouloir éviter des souffrances (même irréelles) à leur chien parce qu'eux-mêmes éprouvent des difficultés dans leur vie quotidienne : problèmes familiaux, stress au travail, obligation d'obéir à un supérieur... Vouloir éviter des désagréments à son chien pour se soulager du poids de ce qui nous hante peut nuire à celui-ci, psychologiquement et physiquement. Votre animal de compagnie a des besoins réels qui doivent être comblés. Ne faites pas de projection. Toilettez votre chien selon ses besoins.

Je ne sais pas comment réagir devant son comportement, j'ai peur de ses réactions

Votre attitude est causée par votre ignorance de la psychologie canine. Vous ne comprenez pas le langage de votre chien ni la manière dont il réagit à divers événements. Malheureusement, votre bonne volonté et votre amour ne peuvent pas suppléer à votre ignorance. Un éducateur canin réussira en quelques minutes à faire accomplir des merveilles à votre chien. Pourquoi ? Il a en effet un atout et c'est sa connaissance de la psychologie canine.

Profitez de cette expérience de toilettage pour acquérir de nouvelles connaissances. Les qualités d'observation et de négociation dont vous devrez faire preuve pourront constituer une agréable initiation à une meilleure connaissance de votre animal. Un cours d'obéissance canine vous serait cependant des plus profitables. Je le conseille à tous.

Deuxième scénario : Mon chien refuse les interventions des toiletteurs mais je réussis à le toiletter un peu

Alors lisez le présent ouvrage et appliquez-en les enseignements à la lettre ! Inutile de faire souffrir votre animal par des rendez-vous au salon de toilettage. Vous pouvez très bien effectuer un toilettage de base tout en réservant les étapes plus difficiles au toiletteur professionnel. Vous n'aurez qu'à rester présent lors de ses visites au salon.

Troisième scénario : Mon chien adore son toiletteur professionnel,
me laisse pratiquement tout faire et me gratifie de quelques baisers
Ah ! Quel plaisir ! Profitez-en pour le toiletter aussi souvent que possible ! Faites appel à un toiletteur professionnel si votre animal ou vous-même hésitez devant l'une ou l'autre des étapes.

Quatrième scénario : Mon chien ne tolère pas d'être touché ;
personne ne réussit à le toiletter
Rassurez-vous : votre chien n'est pas stupide, méchant ou capricieux. Il vit un problème que vous n'avez pas encore cerné (car il est rare que l'on ne puisse pas du tout aider ou soulager un chien). Ce peut être un malaise physique ou émotif, le souvenir d'une blessure ou d'un mauvais traitement. Cette situation ne vous dégage pas de votre responsabilité de lui accorder des soins d'hygiène à domicile. Au contraire, les chiens qui agissent de la sorte ont encore plus besoin d'une attention spéciale pour les aider à régler ou à atténuer leur problème. Utilisez les conseils de ce livre pour lui procurer un minimum de soins.

Par amour et parce que vous en êtes responsable, ne laissez pas votre chien vivre avec ce problème. Consultez des gens compétents comme un vétérinaire ou des praticiens en médecines douces. Ces derniers offrent des approches différentes qui peuvent donner de merveilleux résultats. Vous-même apprendrez beaucoup grâce à cette démarche et vous serez fier de votre réussite.

Je me souviens d'un shih-tzu intolérant au toilettage qui manifestait beaucoup de réticence lorsque je touchais ses pattes avant. Il me donnait du fil à retordre à chacune de ses visites. Pourtant, il vint un jour où il me laissa le toiletter sans réagir. Une collègue n'eut qu'à le distraire pendant que je lui coupais les griffes et toute la séance se déroula remarquablement bien. Que s'était-il passé depuis sa dernière visite qui avait pu le transformer ainsi ? Eh bien, ce chien souffrait d'un mal de dents depuis plusieurs mois. Sa maîtresse avait retardé la chirurgie pour des raisons budgétaires (bien entendu, elle ne se doutait pas que ce problème était à l'origine de son mauvais caractère). Aussitôt que sa dent cassée fut extraite, non seulement il se montra plus gentil et coopérant durant la séance de toilettage, mais sa propriétaire affirma que son comportement n'était plus le même à la maison ; il était plus agréable à vivre et avait cessé de lécher ses pattes avant.

Vous reconnaissez-vous dans l'un de ces scénarios ? Admettez que, peu importe votre situation, il suffit parfois de quelques modifications à votre attitude pour que tout ce qui vous semblait très difficile ou même impossible à accomplir devienne possible. Aucune excuse ne tient !

Les bonnes attitudes

Plusieurs de vos attitudes influenceront le comportement de votre chien au cours des différentes opérations de toilettage, vous procurant à tous les deux plaisir et confort. Adoptez-les et profitez de votre bien-être mutuel.

Se sentir à l'aise

Pourquoi ne pas inviter un ami ou un parent possédant lui aussi un chien ? Ce sera plus agréable et vous pourrez bénéficier de vos connaissances et de vos aptitudes respectives (par exemple, l'un est habile à couper les griffes tandis que l'autre a de la facilité à défaire les nœuds).

Installez-vous avec un verre de vin, écoutez de la musique douce, allumez des chandelles ou faites brûler de l'encens…

Que vous soyez seul ou en bonne compagnie, faites en sorte de créer une atmosphère relaxante. L'important est que vous soyez content et détendu ; ce bien-être se communiquera à votre chien (ou aux deux chiens) et facilitera le toilettage.

Pendant le toilettage, tout dépend de votre attitude.

Supposons que vous êtes chez le dentiste. Il vous a demandé de prendre place sur la chaise et vous le voyez alors qu'il est en train de marcher de long en large dans le couloir. Il s'approche de vous et vous l'apercevez, le visage rouge et les mains tremblantes. Il téléphone à un collègue devant vous et lui demande des conseils sur l'intervention pourtant simple qu'il doit effectuer. Enfin, il s'assoit, mais ses mains tremblent toujours et il fixe désespérément son assistante. Que faites-vous ? Vous déguerpissez, bien sûr ! Et c'est certainement ce que souhaitent faire les chiens dont les maîtres manquent de confiance en eux. Voici le conseil le plus important que je puisse vous donner :

> ## Soyez calme, détendu et confiant !

Si vous choisissez de demeurer calme, détendu et confiant, vous entreprendrez le toilettage avec bonne humeur, vous aurez un meilleur jugement de la situation, vous réagirez avec bon sens et humour. Votre assurance empêchera votre chien d'aller chercher en vous le maître fragile qui répond par l'affirmative à chacun de ses désirs.

Vous êtes le maître, vous êtes le guide ! Dans ce couple de « danseurs » que vous formez avec votre chien, vous êtes le meneur, c'est vous qui dirigez. Votre chien vous suivra avec plaisir si vous faites montre de confiance dans vos décisions. Inspirez confiance à votre animal. Donnez-lui la preuve qu'il n'a rien à craindre.

Il est impossible de tromper un chien sur les émotions qui nous animent. Alors maîtrisez-vous ! Votre chien dépend de vous et de vos bons soins. Il n'est pas en mesure de savoir ce dont il a besoin en matière de soins d'hygiène.

Un maître qui inspire confiance à son animal peut faire face à presque toutes les situations difficiles qui pourraient survenir. Alors que je travaillais dans une clinique vétérinaire en tant que toiletteuse, j'entrevis un jour une cliente assise dans une salle de consultation et qui attendait le vétérinaire en compagnie d'un beau shar-peï noir. Charmée par ce magnifique chien, je pénétrai dans la pièce en m'exclamant : « Ah, comme vous avez un beau chien ! » Et je m'accroupis aussitôt à ses côtés pour le caresser. Il comprit immédiatement mon intérêt et répondit joyeusement à mes caresses. Quelques semaines plus tard, j'eus affaire à ce même chien pour un toilettage. Lorsque je nettoyai ses oreilles, je m'interrompis pour faire part au technicien de mon étonnement quant à la profondeur remarquable de ses conduits auditifs. Mon collègue me fit part de sa surprise : « Quoi, tu es capable de lui nettoyer les oreilles ? »

Visiblement, ce technicien d'expérience qui s'occupait du beau shar-peï noir n'avait jamais pu entreprendre ce que moi, lors d'un premier toilettage, je réussissais sans me poser de question. Pourquoi ? Tout simplement parce qu'au premier regard, dès notre première rencontre, j'ai pu faire comprendre à ce chien que je désirais être son amie. Je l'appréciais déjà, je n'avais aucun préjugé envers lui ou sa race, je l'acceptais pour lui-même. J'avais donc su gagner sa confiance instantanément.

Observez-vous

Malgré mes conseils, vous aurez probablement tendance à reproduire vos gestes habituels, ceux-là même qui vous empêchent de mener à bien vos séances de toilettage. Ces gestes inadéquats, vous les accomplissez machinalement, sans tenir compte de leur impact physique ou émotif sur l'animal.

Prenez soin de vous observer au moment où vous agissez et surveillez bien les réactions qui résultent de vos gestes. Soyez ouvert à de nouvelles approches. Acceptez de changer vos façons d'agir et de considérer votre animal. Grâce à votre attitude et à votre ouverture à son égard, vous pourrez réapprendre à le toucher, à le tenir, à le maintenir en position, à le manipuler et à interagir avec lui. Peut-être a-t-il tenté plusieurs fois de vous indiquer à sa façon des manières de procéder qui seraient mieux adaptées à ses besoins. Ou peut-être tente-t-il de vous faire savoir depuis belle lurette qu'une partie de son corps est particulièrement sensible sans que vous ne le compreniez. Peut-être n'avez-vous pas remarqué que lorsque vous le touchez d'une certaine façon, sa peau frémit, traduisant un malaise. Vous ferez bien des découvertes, pour peu que votre esprit soit en alerte.

> **Oubliez tout et adoptez un regard neuf.**
> **Concentrez-vous sur votre chien et sur ses réactions.**

Soyez patient

La patience est un ingrédient essentiel à la réussite. Si vous pensez en être dépourvu, vous la développerez dans cette activité. Il est bien évident que si vous n'avez jamais prodigué de soins d'hygiène à votre chien, il ne comprendra pas votre intérêt soudain pour sa fourrure. Il se servira donc de toute son ingéniosité pour vous convaincre d'abandonner votre projet. C'est ici que votre patience entrera en jeu. Fixez-vous un premier objectif que vous pouvez atteindre. Il ne s'agit pas de vous pousser tous les deux à bout.

Certaines étapes du toilettage ne seront peut-être jamais faciles à effectuer. En conséquence, il se pourrait que votre chien tente de nouveau de vous convaincre, après quelques mois de pratique, qu'il vaut mieux abandonner votre brosse. Soyez patient et continuez. Le temps et l'expérience vous permettront d'exécuter ce travail de plus en plus facilement. Vous serez de moins en moins nerveux et vous apprendrez à vous connaître mutuellement. Tout sera plus clair et vous comprendrez les raisons qui étaient à la source des inquiétudes de vos débuts.

Soyez d'humeur égale

Adoptez une attitude fondée sur le calme, une humeur qui soit motivante sans être excitante et qui puisse demeurer égale, quelles que soient les situations. Ne soyez jamais rancunier. Par exemple, si votre chien est rébarbatif pour la taille des griffes, oubliez votre impatience lors des étapes subséquentes, car il n'y pense déjà plus lui-même.

Demeurez ferme dans vos intentions

La plupart des gens se découragent rapidement à cause des attitudes de leur chien et des tâches à accomplir. Comportez-vous de manière ferme en lui faisant savoir que vous êtes réellement décidé à accomplir ce travail. Ne le laissez pas décider pour vous.

Soyez ferme mais montrez-vous amical, enjoué ou cajoleur au besoin. Ne laissez aucune place à la mollesse et à l'indécision qui pourraient lui laisser voir un manque d'affirmation de votre part. Profitez de cette situation pour acquérir des qualités qui vous font défaut dans votre vie quotidienne et dont vous pourriez bénéficier. Votre chien est votre meilleur professeur, car il est aussi votre indéfectible ami.

Ne cédez pas à la colère

L'impatience et la colère sont des émotions humaines dont il ne faut pas avoir honte. Mais prenez le temps de faire cette expérience un jour que vous sentirez la colère monter en vous ; observez l'effet qu'elle produit sur votre chien.

La prochaine fois que vous éprouverez de la colère, essayez de renverser cette émotion négative en lui opposant une émotion positive : faites une bonne blague et riez. Observez alors la réaction de votre chien. Quelles différences dans son comportement pouvez-vous noter ? Est-ce que les résultats de votre colère justifient toute l'énergie que vous dépensez ?

Il est vrai que la colère soulage parfois ! Vous n'aurez cependant pas de mal à admettre qu'il vaut mieux l'éviter, car elle ne génère que la peur et l'incompréhension chez votre meilleur ami. Le rire, tout au contraire, abaissera la tension et vous permettra de continuer le travail.

Cela me rappelle une autre anecdote. Je n'en étais qu'alors à mes débuts en tant que toiletteuse et m'occupais d'un petit chien qui m'exaspérait. Soudain, pour évacuer mon irritation, je me mis à bondir et à chanter autour de la table de toilettage, sans regarder le chien, dans une sorte de danse amérindienne qui me porta à rire aux éclats. Quel soulagement ! Non seulement ma colère s'était évanouie, mais en plus, les bonds que j'avais effectués avaient replacé et détendu les articulations de mon dos. Je recommençai à travailler en riant... et le chien me regarda avec de grands yeux interrogateurs, se retenant de bouger jusqu'à la fin du toilettage.

La négociation

En utilisant la négociation avec votre chien pour accomplir les différentes étapes de toilettage, vous simplifierez votre travail. C'est une approche facile à utiliser. Elle relève du bon sens et n'exige pas que le résultat final soit parfait puisque la négociation implique que chacun fasse des concessions. Il est cependant toujours plus valorisant de réussir un toilettage d'entretien complet en procédant à toutes les étapes. Je vous invite donc à user de toutes les stratégies et astuces possibles pour séduire votre compagnon. Et croyez-moi, vous sortirez satisfait et même grandi de cette expérience.

Un premier départ

Commencez par une opération importante : le brossage. Votre chien réagit-il mal au brossage et au démêlage ? Cela est courant. Le secret consiste à procéder graduellement en vous fixant des objectifs. Par exemple, si le brossage d'une patte nécessite 20 minutes de travail, n'en faites qu'une seule pour commencer. Attendez au lendemain pour entreprendre la deuxième. Après 2 semaines, essayez de faire les 2 pattes en 20 minutes sans toucher au reste du corps. Après 3 semaines, tentez de brosser 3 pattes en 20 minutes, puis 4, et enfin abordez les autres parties de son corps.

Avec de la pratique, vous parviendrez à brosser entièrement votre chien dans un temps raisonnable, et cela sans laisser un seul nœud. Pendant ce temps, il s'habituera et vous laissera travailler, et le brossage régulier aura éliminé graduellement les nœuds, ce qui permettra un brossage plus aisé et plus rapide.

Attention ! Il ne s'agit pas d'interrompre le toilettage au moment où votre chien vous l'ordonnera. Procédez avec *un réel désir d'effectuer le toilettage*. C'est vous qui déciderez *quand* viendra le moment d'arrêter la séance. Soyez ferme… tout en étant raisonnable !

Si votre chien réagit encore négativement après plusieurs semaines de travail patient, continuez tout de même en étant sensible à ses réactions, à ses limites physiques et à ses peurs. Le toilettage doit être intégré dans sa vie quotidienne et considéré comme une activité normale.

Lorsque vous constaterez que le démêlage-brossage-peignage est accepté par votre compagnon, incorporez les autres étapes qui, elles, ne seront que ponctuelles (griffes, oreilles, bain, travail au ciseau, etc.).

Pour la taille des griffes, vous pourriez couper un seul ongle par jour. Puis, progressivement, faire une patte lors d'une même séance, puis deux et ainsi de suite. La taille des griffes est une opération souvent délicate à effectuer, même pour un toiletteur professionnel. Agissez avec beaucoup de tact, encouragez votre chien et n'hésitez pas à essayer plusieurs positions pour trouver celle qui lui convient le mieux. N'oubliez pas de le féliciter, même si sa performance vous semble mineure, car il a réellement fait un effort, celui qu'il lui était possible d'effectuer à ce moment-là.

Il refuse que vous nettoyiez ses oreilles ? À moins que celles-ci ne soient douloureuses, en quel cas vous feriez bien de consulter un vétérinaire, inventez un jeu qui aura pour effet de détourner son attention et palpez doucement une de ses oreilles en jouant avec lui. Lorsqu'il sera désensibilisé et que ses craintes se seront dissipées (cela peut prendre un certain temps), vous pourrez procéder au nettoyage. Cette astuce peut être utilisée pour toutes les opérations de toilettage.

Avec le temps, après quelques essais infructueux et quelques errements, vous découvrirez le truc qui convient spécialement à votre chien, l'amenant à collaborer. Il suffit parfois de caresser d'une main pendant qu'on brosse de l'autre pour que le chien accepte un bon brossage.

Rappelez-vous que, parfois, ce n'est pas tant ce que vous faites qui le gêne que votre façon de le tenir. Vous pourrez lui faire accepter presque n'importe quoi en vous servant de votre imagination.

Intégrez le travail graduellement.
Agissez avec compréhension et constance.
Soyez maître du temps.
Utilisez des astuces pour l'amadouer.

Positionnement… encore des négociations !

Pour que vous puissiez effectuer la plupart des opérations, votre chien devrait idéalement se tenir debout, les quatre pieds posés sur la table. Lorsque le travail ne nécessite pas cette position, faites-le asseoir. C'est une position utile lorsque vous effectuez une tâche qui le rend nerveux. Mais en fait, tant que vous pouvez travailler et qu'il n'est pas en danger, laissez-le adopter la position qu'il préfère, ce qui lui évitera un surplus de stress. S'il se tient d'une manière qui vous gêne dans votre travail, trouvez une position qui vous convienne à tous les deux. Et achevez ce que vous avez commencé.

Votre chien ne devrait pas se retrouver dans vos bras, ou alors seulement pour de courts instants. Soyez son guide. Vous ne devriez pas le surprotéger. Votre chien y gagnera un sentiment d'autonomie qui favorisera sa collaboration. Permettez-lui de trouver son assurance, cette qualité qui lui servira tous les jours de sa vie, notamment au cours de ses visites chez le toiletteur !

Le moment viendra où il devra accepter de rester debout, bien en place sur la table. Il faudra alors le convaincre, par vos encouragements et en l'aidant de la main, de continuer à se tenir correctement. Demeurez ferme et soyez constant dans vos demandes, même si vous devez les répéter et corriger sa position à plusieurs reprises. Votre chien joue avec votre patience ? Soyez bon joueur !

Certains chiens se rassoient continuellement pendant que vous tentez de les garder debout. Inutile de vous énerver. Effleurez simplement le ventre de l'animal et il se relèvera de lui-même. S'il a tendance à se rasseoir, demandez l'aide d'une autre personne qui pourra le maintenir debout. Cette aide pourra également se révéler précieuse si votre animal est âgé ou s'il a des problèmes au dos ou aux hanches. Si vous ne pouvez compter sur personne, exercez votre patience, il n'y a pas d'autres solutions.

Tout récemment, j'ai eu à toiletter un jeune chien qui bougeait sans arrêt. Comment faire pour lui couper les poils aux coins des yeux ? Après maintes tentatives infructueuses, voire dangereuses, je me suis souvenu qu'il s'était instantanément calmé lorsque j'avais collé son flanc contre le mien au cours d'une étape précédente. C'est ainsi que les qualités d'observation peuvent entrer en jeu. J'ai donc placé le chien dans cette position et il s'est aussitôt calmé. J'ai donc pu lui couper les poils aux coins des yeux en toute sécurité. Ce truc a fonctionné avec lui mais j'ignore pourquoi. Sans doute cela est-il lié à son histoire personnelle dont je ne connais pas les détails.

Voilà pourquoi vous ne devez jamais vous déclarer vaincu avant d'avoir réellement essayé plusieurs approches.

Suivez le mouvement

Il m'arrive de toiletter une petite coquine extrêmement nerveuse. Elle est constamment en mouvement. Je sais par expérience que mes tentatives pour la contraindre ne feraient qu'augmenter sa nervosité. Je dois donc adapter mes besoins à ses humeurs.

Je permets donc à cette tornade blonde de bouger à sa guise (bien qu'elle soit attachée au poteau de toilettage pour sa sécurité) et je continue à travailler en suivant ses mouvements. Les résultats de mon travail ne sont pas aussi satisfaisants que ceux que j'obtiens avec un chien calme, mais la personnalité de l'animal a été respectée et je n'ai pas perdu patience, deux conditions qui sont selon moi plus importantes que la beauté du toilettage. Pour venir à bout de ma petite tornade blonde, j'ai employé l'expression « suivre les mouvements du chien ». En effet, au cours des opérations de toilettage, il faut accepter de s'adapter aux mouvements de l'animal. Cette attitude fait partie du travail et ne devrait pas vous apparaître comme une contrainte, même si vous devez bouger ou tourner à maintes reprises autour de la table de travail. Il va sans dire que vous devrez travailler debout !

Parlez-lui et négociez

Essayez de garder le chien aussi calme que possible (calme et de bonne humeur !). Votre chien doit comprendre que cette activité n'est pas un jeu, bien qu'elle puisse s'accomplir de façon agréable. Il doit se rendre compte – et c'est à vous de le lui faire comprendre – qu'il n'est pas en position de décider, que vous agissez pour son bien et qu'il doit collaborer.

Captez son attention

Votre chien a un prénom. Servez-vous en pour attirer son attention lorsque vous sollicitez sa collaboration ou lorsque vous désirez ramener sa concentration sur votre travail. Vous pouvez aussi capter son attention ou atténuer sa nervosité avec des petits bruits de bouche ou des baisers envoyés à la volée.

Utilisez votre voix

Utilisez une voix neutre pour effectuer vos demandes. Vous vous rendrez rapidement compte que les rires nerveux, les fous rires, les intonations aiguës et les encouragements excessifs excitent votre chien au lieu de le calmer. D'autre part, vos félicitations devraient être perçues comme des signes d'encouragement : utilisez une voix moins neutre (joyeuse) mais qui ne l'incitera pas à s'exciter.

Des mots prononcés très lentement d'une voix basse calment plusieurs chiens. Exercez-vous à lui parler doucement et de façon ininterrompue, un peu comme si vous récitiez une litanie, et vérifiez que votre animal réagit favorablement. Ce que vous lui direz n'a pas d'importance. Ce qui compte, c'est le ton de votre voix et l'assurance qu'elle dégage.

Je me rappelle d'un minuscule yorkshire qui avait très peur des ciseaux que je faisais cliqueter autour de sa tête. Il bougeait tellement que cela devenait dangereux pour lui. J'interrompis mon travail, approchai mes yeux des siens, et lui expliquai en long et en large ce que je m'efforçais de lui faire. Je pris la peine de le rassurer, lui disant que je ferais très attention, qu'il n'était pas question qu'un malheur arrive à d'aussi jolis yeux noirs. J'éloignai enfin mon visage du sien, repris mes ciseaux pour achever ma tâche. Le chien ne leva plus un sourcil. Ma voix et mon attitude l'avaient réconforté. Vous me direz que cela ne marche pas à tout coup. Je vous répondrai que cela vaut la peine d'essayer.

Vous devez vous mettre en quête de ce qui pourra convaincre votre chien de collaborer. Votre silence et même une certaine indifférence dont vous pourriez faire montre peuvent être une bonne attitude à adopter avec un animal facile à stimuler. Un grand secret ou une confidence que vous aurez glissés à l'oreille du plus coquin le calmera peut-être instantanément. D'autres chiens préféreront vous écouter élaborer vos théories sur l'évolution sans broncher et avec le sourire. Tout dépend de votre chien, à vous de trouver ce qui lui convient.

Formulez vos besoins et réagissez

D'une manière simple et claire, faites-lui connaître vos demandes en joignant le geste à la parole. Si vous devez lui tenir une patte pour la brosser, prenez-la doucement sans la laisser retomber en formulant clairement votre demande : « Donne la patte. » S'il ne la retire pas, félicitez-le : « Bon chien ! ». S'il tire dessus et s'agite, répondez-lui par « Non ! ». Reformulez votre demande et réagissez en fonction de sa réponse. Vous aurez peut-être à répéter plusieurs fois. Allez-y. Avec le temps, votre chien collaborera de mieux en mieux.

Renvoyez-lui un message cohérent, utilisez le mot qui convient au moment opportun. Si vous l'incitez à rester calme en lui répétant : « Bon chien, bon chien ! » alors qu'il saute sur la table, qu'il mord et vous rend dingue, il vous obéira ; il continuera son manège ! Ne dites « Merci, bon chien ! » que lorsqu'il réagit conformément à votre désir et ne dites « Non ! » que s'il vous désobéit ou n'agit pas correctement.

Encore quelques conseils

Faites-le participer

Faites participer votre chien aux différentes opérations de toilettage. Avant d'entreprendre une étape, annoncez-lui calmement vos intentions. Par exemple, montrez-lui la table et dites-lui que vous commencez sa toilette. Présentez-lui chaque instrument avant de l'utiliser et permettez-lui de les flairer. Après tout, c'est de son corps qu'il s'agit ! Il est normal qu'il soit intéressé à tout ce qui va toucher son corps. Même chose pour le bain ; montrez-lui la baignoire et demandez-lui d'y entrer lui-même. Ne le brusquez pas si vous voyez qu'il réfléchit. Il est possible qu'il ait l'intention de s'exécuter dans les secondes qui vont suivre. Si ce n'est pas le cas, faites-le vous-même pénétrer dans la baignoire, avec douceur et attention.

Créez une bulle

En oubliant tout le reste et en vous concentrant sur votre chien et sur ce que vous désirez accomplir, vous pourriez entrer dans une bulle avec lui. Vous serez en communication étroite, vous entrerez en symbiose dans une sorte de communion qui ne vous aurait jamais semblé possible. Si vous parvenez à reproduire ce phénomène – à entrer dans une bulle avec votre chien –, celui-ci acceptera tous vos soins avec confiance et vous vivrez avec lui un moment extraordinaire. Le calme des lieux, votre confiance personnelle et une attitude rassurante sont nécessaires pour créer cette bulle et y entrer.

Respectez son rythme !

Vous avez tous les deux droit à des pauses. Faites en sorte qu'elles soient courtes, afin que votre chien ne croie pas que la session de toilettage est terminée. Par ailleurs, ne prolongez pas les séances sur des heures ou, pire, sur une journée entière. Si l'affaire traîne en longueur, le chien appréhendera les futures séances de toilettage. N'hésitez pas à remettre à une prochaine fois, de façon à pouvoir continuer là où vous étiez rendu. Vous effectuerez alors des tâches que vous aviez négligées. Que votre chien soit du type nerveux ou qu'il ait un tempérament plus passif, il appréciera que vous respectiez son rythme.

Récompensez ses efforts et ses progrès

Réussir à couper trois griffes une à la suite de l'autre sera peut-être difficile pour votre chien. Même si vous savez qu'il reste beaucoup de progrès à faire, félicitez-le pour sa performance (sans le surexciter). Dites-lui un bon mot, faites-lui une caresse ou procurez-lui une petite gâterie. Donnez-lui quelque chose qui lui fasse réellement plaisir. Il sera content que vous soyez satisfait de son comportement. Ces gratifications joyeuses l'encourageront à poursuivre ses efforts et stimuleront la bonne humeur entre vous au cours de vos séances de toilettage.

Faites les choses progressivement et ne faites que ce qu'il vous sera possible de réussir ensemble en une opération de toilettage. Avec de la persévérance et de l'imagination, vous obtiendrez des merveilles !

Le respect de son corps

Vous devez vous montrer attentif et délicat lorsque vous manipulez les différentes parties de son corps, que votre chien soit petit ou grand, maigre ou gros, jeune ou vieux. Les animaux sont très sensibles au toucher et certaines parties de leur corps pourraient même être qualifiées d'« intouchables ». Cela varie bien sûr selon les individus et selon leur expérience de vie. S'il vous arrivait de constater une sensibilité que vous jugeriez anormale, je vous recommande de consulter un vétérinaire ou un praticien en médecine holistique. Soyez respectueux, exactement comme vous aimeriez qu'on le soit pour votre propre corps. Votre attitude bienveillante sera comprise par votre chien et le rassurera.

Sachez que votre animal sera moins nerveux et plus coopérant si vous ne l'obligez pas continuellement à se placer dans différentes positions. C'est à vous de vous adapter et d'aller et venir autour de lui de façon à lui éviter des positions inconfortables, anormales ou peut-être douloureuses. Vous devez vous pencher, plier les genoux (en gardant un dos bien droit), tourner autour de la table, découvrir de nouvelles façons de tenir sa tête ou une patte, etc., afin que votre chien soit le plus à son aise possible.

Si votre chien donne des signes de douleur ou manifeste un malaise sur un point ou l'autre de son corps, faites diverses tentatives pour trouver une manière de le tenir et de travailler sans lui faire de mal. Soyez très délicat et ne banalisez pas sa souffrance. Si, par exemple, votre animal est sensible à une patte, brossez-la une minute (ou moins) puis, allez brosser quelques minutes ailleurs sur son corps, là où votre chien le tolère bien. Puis, retournez à cette patte sensible pendant une minute encore. Alternez ainsi avec d'autres parties de son corps. Une autre solution serait de ne pas y toucher maintenant et de recourir à un toiletteur professionnel que vous pourrez observer lorsqu'il accomplira son travail.

Les pattes

Les quatre pattes du chien doivent être à la verticale et déplacées individuellement vers l'avant ou l'arrière (en extension ou pliées) comme dans un mouvement de marche. Évitez de les tirer de côté, même si cela vous facilite la tâche. Pliez vos genoux pour bien voir l'intérieur de ses pattes.

Le poids de votre chien est réparti sur ses quatre pattes. Vous devriez donc l'avertir avant de soulever une patte, afin qu'il puisse transférer son poids sur les trois autres. Descendez votre main doucement le long de sa patte et exercez une légère pression lui indiquant que vous allez la soulever, puis allez-y délicatement. Vous pouvez également chatouiller l'intérieur des coussinets de son pied, ce qui aura probablement pour effet de la faire lever naturellement. Lorsque votre chien laisse beaucoup de poids sur la patte que vous soutenez, c'est peut-être parce qu'il n'a pas eu le temps de transférer son poids sur ses autres pattes. Dans ce cas, recommencez. Si, comme c'est parfois le cas, votre chien ne parvient pas aisément à accomplir ce mouvement de transfert du poids, placez-le en position assise afin que vous puissiez vous occuper de ses pattes avant. Pour les membres arrière, soutenez le poids du corps comme ceci.

- Pour un petit chien, passez votre avant-bras sous son corps, derrière l'une de ses pattes avant ou en dessous de son poitrail et soutenez ainsi l'arrière de son corps avec votre avant-bras. Soulevez la patte ou le pied arrière avec votre main.
- Pour un chien de grande taille, et si celui-ci est debout sur le sol, pliez un de vos genoux que vous glisserez sous son ventre. Placée à la verticale, votre jambe lui servira de soutien. Sur la table, en plaçant votre dos très près de l'arrière-train du chien, glissez un bras sous ses fesses, de façon à soutenir le bas des reins de l'animal puis soulevez une patte arrière. Cette technique est très efficace pour tailler les griffes.

Les pieds

Au cours du brossage ou de la taille des griffes, évitez de presser le pied ou les orteils de l'animal. Tenez-les doucement mais fermement. Le pied et les orteils pourront être ramenés vers l'arrière ou vers l'avant. Revoyez les techniques pour soulever les pattes ; vous pouvez également vous pencher de façon à éviter que la patte ne se lève de façon inconfortable lors des interventions aux pieds.

La queue

Beaucoup de chiens ont la queue très sensible. Évitez de la surélever, de la plier ou de la tirer. Soyez particulièrement délicat si le bout de la queue de votre chien se termine par une courbe : il ne faut ni la déplier ni l'insérer malencontreusement entre les dents d'un peigne.

Les parties génitales

Ne touchez jamais directement les parties génitales de l'animal avec vos instruments de travail. Ne les manipulez pas inutilement. Selon le type de soins que vous donnez à votre chien, protégez ces parties délicates avec votre main.

La tête

Bon nombre de chiens se détendent lorsqu'on effectue le travail sur leur tête et leur visage (oui, oui, c'est vrai !). En revanche, plusieurs autres détestent que leur tête soit retenue ou immobilisée.

Retenez la tête de votre chien en tenant son museau, le côté de sa tête ou sa barbiche. Peut-être votre chien préférera-t-il l'immobiliser lui-même ! Le silence est parfois d'un grand secours. Je peux difficilement vous donner une recette, le mieux est d'improviser en fonction des réactions de l'animal.

Au cours de l'opération, essayez toujours de protéger les parties sur lesquelles vous ne travaillez pas en vous servant d'un ou de plusieurs doigts, ou de votre main. Par exemple, si vous brossez un côté de la tête de l'animal, vous pouvez protéger ses yeux et le devant de son visage de ce même côté en les masquant de votre main. Vous pouvez aussi cacher un de ses yeux avec vos doigts pendant que vous travaillez sur l'autre, etc. Vous devez toujours vous tenir prêt à réagir à un coup de tête brusque.

L'utilisation de la muselière

Si, au cours de l'une des opérations de toilettage (par exemple pour la taille des griffes), vous avez l'impression que votre chien pourrait vous mordre, vous voudrez peut-être avoir recours à une muselière. Vous n'avez pas à en être peiné ou choqué, vous ne l'utiliserez que quelques minutes, le temps d'effectuer un travail délicat. Les toiletteurs professionnels les utilisent au besoin. Faites de même si vous n'arrivez pas à convaincre votre chien de se calmer ou si vous ne pouvez obtenir de renfort pour vous aider à le tenir. Par expérience, je peux vous affirmer que la majorité des chiens se calment lorsqu'on leur met une muselière.

Une fourrure soignée

Plusieurs propriétaires, sous prétexte qu'ils lavent régulièrement leur chien, ont tendance à négliger le brossage. C'est une erreur à éviter absolument! Un brossage régulier permet de débarrasser le poil de ses impuretés (d'être propre), active la circulation sanguine, démêle les nœuds et favorise le développement d'un poil épais et en santé. Et croyez-moi, un bon brossage est très efficace. Je suis souvent étonnée de constater la nette amélioration de l'apparence de la fourrure après un brossage en profondeur. Les propriétaires à qui j'en ai fait la démonstration en quelques minutes se sont immédiatement procuré une brosse. Un chien que vous vous contenterez de laver sans le brosser aura une fourrure dont la base du poil s'emmêlera comme le tissage des couvertures de laine de nos grands-mères. Avez-vous déjà essayé de démêler les fibres de ces couvertures? Impossible!

La question des nœuds

Le propriétaire d'un gentil schnauzer femelle m'arrive un matin et m'annonce que la fourrure de sa chienne a été démêlée la veille. Ce n'est pas du tout ce que je constate. Je regarde la chienne et, sans même la toucher, je sais bien que son poil est complètement emmêlé. Pourquoi y a-t-il autant de différence entre ma propre impression – « Voilà une chienne qui est un nœud ambulant » – et celle de son maître – « Je vous amène ma chienne avec sa fourrure démêlée » ? Eh bien, voilà un des mystères du monde du toilettage. Laissez-moi vous expliquer.

Les nœuds se forment là où la brosse ne passe pas. En général, les gens utilisent des brosses trop douces, ne se servent pas d'un peigne et évitent de brosser à fond, soit jusqu'à la racine du poil, et cela sous prétexte de ne pas blesser l'animal. Ce sont pourtant ces manquements qui sont à l'origine du problème. Dans une fourrure négligée, les nœuds ont tout le loisir de naître, de grandir sans être ennuyés, de voyager et même, comme dans les plus beaux contes, d'avoir de nombreux « enfants » ! Car personne ne vient les déranger dans leur royaume, qui s'étend du museau jusqu'aux fesses.

Ces nœuds sont de véritables imposteurs, car ils déjouent les propriétaires qui croient que la fourrure de leur animal est bien démêlée parce qu'elle paraît bien lisse en surface. Détrompez-vous.

> **C'est en examinant la base des poils**
> **que vous pouvez juger de la qualité du brossage.**

En fait, le principe qui s'applique à vos cheveux s'applique également au pelage de votre chien. Si vous vous contentez de laver vos cheveux sans les brosser ou les peigner, vous ne pourrez vous vanter d'avoir une belle chevelure. Seul un brossage régulier et appliqué à fond pourra donner à vos cheveux l'éclat que vous recherchez. Tentez donc l'expérience pendant vos prochaines vacances : abstenez-vous de peigner et de brosser vos cheveux durant deux petites semaines. Ça ne vous tente pas ?

Si vous relevez le défi, vous allez remarquer quelque chose en revenant à un brossage normal. Mis à part le fait que vos cheveux seront présentables, vous ressentirez un réel bien-être lorsque les dents du peigne ou la pointe des poils de la brosse toucheront votre cuir chevelu. Eh bien, figurez-vous que le plaisir est identique pour le chien ! Et à plus forte raison si vous admettez qu'il ne peut pas se soulager de ses démangeaisons en se servant de ses orteils et de ses griffes avec autant d'efficacité que vous. Vous rendez donc doublement service à votre ami en le brossant bien à fond.

> **Bien à fond :**
> **les mots magiques lorsqu'il est question de brossage !**

À présent que vous connaissez les bienfaits d'un bon brossage, que pensez-vous qu'il est advenu de notre gentil schnauzer femelle ? Je l'ai rasé à la peau, bien sûr, pour lui éviter des douleurs inutiles. Je n'allais tout de même pas abuser de sa patience : tirer sur des poils aussi emmêlés, ça fait mal ! Le propriétaire reviendra au salon de toilettage avec plus de régularité et je pourrai alors démêler les nœuds dans sa fourrure. Elle aura alors une belle coupe schnauzer !

Le brossage régulier peut avoir des effets étonnants ! Un autre schnauzer que je toilette avait quant à lui l'habitude de mordiller un point situé à l'avant d'une de ses pattes antérieures. La plaie qui l'avait jadis fait souffrir était pourtant bien guérie depuis longtemps. Mais le poil à cet endroit restait court et la couleur de la peau hésitait entre le brun foncé et le noir. Par ailleurs, le chien arrivait toujours au toilettage le poil bien emmêlé et, après maintes tentatives de ma part, je finis par convaincre ses propriétaires de le brosser assidûment. Eh bien, aussitôt qu'il reçut des brossages réguliers, il cessa complètement de mordiller sa patte et le poil se remit à allonger !

La technique du brossage

Conseils de base

Avant de commencer, utilisez vos mains et vos doigts pour inspecter soigneusement la fourrure de votre animal. Essayez de détecter tous les endroits où des nœuds se sont formés. Ensuite, servez-vous de vos yeux et repérez les nœuds les plus importuns, ceux auxquels vous allez vous attaquer en premier. N'oubliez pas que votre examen doit passer en revue tout le corps de l'animal, y compris les fesses, le tour de l'anus, tous les replis de la peau, l'arrière des oreilles et même la tête et le museau.

Avec le temps, vous deviendrez si habile que vous découvrirez instinctivement les endroits stratégiques. Il vous suffira d'observer votre chien lorsqu'il marche pour détecter ces nœuds, pourtant invisibles en surface. Vous pourrez même apprécier la qualité de la fourrure des chiens que vous croiserez dans la rue !

Attention ! Souvenez-vous qu'un bon entretien de la fourrure de votre chien passe par trois étapes essentielles : le démêlage, le brossage et le peignage.

Première étape : le démêlage

Attaquez les nœuds à la base, commencez par les démêler. Utilisez un démêleur et, au besoin, servez-vous d'un produit démêlant liquide que vous vaporisez simplement sur les nœuds. Faites entrer les dents du démêleur à l'intérieur du nœud. Retenez la base du poil afin d'éviter de tirer sur la peau ; ce n'est malheureusement pas toujours facile à faire, car, souvent, il faut tenir le chien d'une main et le démêleur de l'autre. Découpez le nœud comme vous découperiez un morceau de viande ou de pain. Recommencez l'opération plusieurs fois sur le même nœud si nécessaire. Au fur et à mesure que le nœud se défait, brossez les poils et peignez-les jusqu'à ce qu'ils soient entièrement démêlés et que le nœud soit complètement éliminé. Passez ainsi d'un nœud à l'autre.

Vous pouvez aussi utiliser des ciseaux. Dans ce cas, percez le nœud à l'aide d'une des pointes des ciseaux en les tenant perpendiculairement au corps de

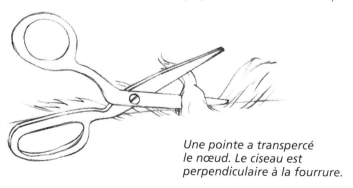

Une pointe a transpercé le nœud. Le ciseau est perpendiculaire à la fourrure.

l'animal. Si les deux lames de l'outil sont parallèles au corps du chien vous risquez sérieusement de lui couper la peau. Ne tirez pas sur les poils dans le but de mieux saisir un nœud, car vous pourriez saisir la peau de l'animal et le blesser bien malgré vous. Seule la jonction des deux lames devrait toucher le nœud ; et aucune autre partie des ciseaux ne devrait toucher ni la peau ni les poils. Soyez extrêmement prudent !

Les oreilles du chien étant particulièrement sensibles, allez-y doucement et défaites les nœuds avec l'instrument de votre choix. Cette opération devrait cependant s'effectuer facilement et ne causer aucune douleur à l'animal. N'utilisez pas de ciseaux pour éliminer les nœuds à la bordure des oreilles, vous risqueriez de tailler accidentellement la peau en confondant les nœuds et le pourtour de l'oreille. Si les nœuds de l'oreille sont solides et épais, demandez à un toiletteur professionnel de raser le tout afin d'éviter de réelles souffrances à votre animal.

Pour illustrer mes propos, voici une autre histoire ! J'entends encore une cliente qui me crie des injures parce que j'ai osé raser les poils des oreilles de son caniche. Et le malheur, dans tout ça, c'est que nous sommes à la veille de Noël… La situation semble à ce point dramatique pour ma cliente que je crois saisir parmi le flot de paroles qu'elle déverse qu'il ne lui reste plus qu'à annuler ses réceptions du temps des fêtes. Quelle catastrophe !

Mais que faire ? Lui remettre un chien avec un corps et un visage bien toilettés et des oreilles avec des poils bien emmêlés ? Voyez comme parfois la bonne volonté du toiletteur peut faire le malheur d'une cliente… Pourtant, si cette femme avait eu la patience de brosser les oreilles de son caniche, elle n'en aurait pas été là !

La queue d'un chien est également très sensible. Ouvrez les nœuds très doucement avec le démêleur ou tout simplement avec une paire de ciseaux. Il est souvent difficile de travailler sur la queue. Si le démêlage a créé une irritation de la peau, une rougeur, soulagez-la avec le gel d'aloès ou de l'Homéoplasmine.

Si votre chien est très sensible au démêlage, ouvrez délicatement les nœuds avec vos ciseaux, puis finissez avec vos doigts. C'est une façon de procéder qui exige plus de temps, mais qui a l'avantage d'être moins douloureuse. Habituellement, le chien s'assoira et attendra que vous ayez terminé.

Si vous constatez que le fond de sa fourrure ressemble à un tissage bien serré, sur tout le corps ou sur plusieurs parties de son corps, n'hésitez pas à faire tondre votre animal. Vous pourrez ainsi recommencer à neuf et entamer un bon brossage sur son nouveau poil. Ne faites pas souffrir votre chien inutilement.

Vous désirez sans doute savoir ce que ressent votre chien lorsque vous démêlez son poil ? Rien ne vaut une petite expérimentation sur soi-même lorsqu'on veut bien comprendre ce que ressentent les autres. Alors, allez-y ! Choisissez un endroit où votre peau est bien tendre sous des poils non rasés (sur la tête, ça ne fonctionnera pas aussi efficacement à cause de la boîte crânienne). Déposez-y ensuite une substance collante. Veillez à ce que le poil soit bien enrobé jusqu'à sa base ! Maintenant, attendez quelques jours sans laver ni peigner cet amas de poils et de glu. Il ne vous reste plus qu'à tenter de démêler les poils avec la brosse, puis avec le peigne, puis quand vous aurez bien souffert, utilisez le démêleur ou les ciseaux.

Et alors ? Eh bien, vous comprenez maintenant que pour éviter des douleurs inutiles :

> **Un démêlage quotidien est indispensable à votre chien.**

Si les chiens pouvaient m'accompagner de leurs jappements afin de vous faire comprendre l'importance d'un démêlage régulier, il y aurait tout un tapage !

Deuxième étape : le brossage

Supposons que votre corps ressemble à celui d'un animal et qu'il est recouvert d'une belle fourrure, courte ou longue, à votre choix. Au moment de faire votre toilette quotidienne, brosserez-vous toute la surface de votre corps ou seulement certaines parties ? Je devine votre réponse et vous aurez compris où je veux en venir avec cette question.

Brossez absolument toutes les parties du corps. N'oubliez pas les fesses, la base de la queue, l'intérieur des pattes, le poitrail, l'arrière des oreilles, le cou (la surface sur laquelle frotte le collier). Lorsque vous brossez votre chien ou votre chienne, gardez une main sur son pénis ou sur sa vulve pour lui éviter un coup de brosse dou-loureux. Ne touchez jamais ses organes génitaux avec vos instruments.

Pour que le toilettage soit vraiment efficace, on doit brosser tant et aussi long-temps que les poils continuent de tomber. Cela peut durer très longtemps, mais vous en sortirez gagnant. Je me rappelle avoir brossé un samoyède pendant une heure avant de lui donner son bain, et encore pendant 45 minutes après le séchage et cela avec l'aide d'une toiletteuse d'expérience, chacune placée de chaque côté de l'animal ! Cela équivaut à trois heures et demie de brossage fait par un profes-sionnel ! Alors, exercez-vous à la patience, vous pouvez vous attendre, selon la fourrure de votre chien, à brosser longtemps !

Soulevez le poil par couches successives que vous brossez. Déplacez votre main ou votre bras à mesure que vous avancez avec la brosse. En travaillant ainsi, vous devriez toujours *apercevoir au fond du pelage,* une peau blanche, rosée ou bleutée, selon l'animal. Si vous ne la voyez pas, c'est parce qu'un nœud vous en empêche. Vous devrez le défaire.

Tentez de brosser la queue en touchant le moins possible à la peau et en vous concentrant sur le poil, qui doit être démêlé à fond. Attention au sommet du crâne et aux oreilles qui pourraient facilement souffrir d'un excès de brossage. Soyez par-ticulièrement délicat là où les os effleurent la peau, soit aux genoux et aux coudes, ainsi qu'à l'arrière des pattes postérieures, du bas des fesses jusqu'aux genoux, là où la peau est très sensible et s'irrite facilement. Peu importe la partie du corps, si la peau de votre chien rougit, cessez le brossage. Si elle est irritée, appliquez-y une crème apaisante telle que l'Homéoplasmine ou du gel d'aloès. En fait, pour toutes les parties sensibles l'utilisation d'une brosse plus douce est recommandée.

Il n'est pas nécessaire de brosser fort, rapidement ou énergiquement. Vous devez procéder avec une extrême délicatesse, en soulevant le poil. L'essentiel est que vous brossiez le poil jusqu'au fond (à la peau). Vous ne ferez pas souffrir votre chien et vous éliminerez à la source les formations de nœuds… et les opérations douloureuses de démêlage chez le toiletteur professionnel.

Un petit mot encore sur l'utilisation de la brosse. Essayez d'abord la brosse sur votre peau : tenez-la verticalement et faites-la passer de haut en bas puis de gauche à droite. En raison de leur forme, de la souplesse du métal et de leur longueur, les tiges de la brosse sont moins irritantes si on leur applique une pression verticale. Les tiges ne sont pas conçues pour se mouvoir de gauche à droite et sont plus irritantes si on les manipule ainsi. Vous remarquerez que les poils sont moins irritants lorsque vous brossez de haut en bas, le manche précédant la brosse dans le mouvement. Faites de même lorsque vous brossez votre chien afin de prévenir les irritations.

Troisième étape : le peignage

Le peigne est le meilleur ami du toiletteur. Il sera également le vôtre si vous désirez faire un toilettage complet. Je ne le répéterai jamais assez :

> **Vous devez obligatoirement**
> **finir votre séance de brossage**
> **par un peignage complet.**

Les étapes du démêlage et du brossage ont déjà permis la détection et l'élimination de plusieurs nœuds. Hélas ! Il en reste souvent quelques-uns bien cachés. Si vous laissez ces nœuds en place, ils grossiront et se multiplieront. Le peigne vous permettra de les trouver alors qu'ils sont encore petits et de les enlever facilement. C'est l'instrument qui vous permet d'évaluer la qualité du travail que vous avez accompli avec la brosse.

Alors, vérifiez-le vous-même : votre peigne passe-t-il aisément et en profondeur, partout ? Repassez sur toutes les parties du corps, à l'endroit et à l'envers. Couchez le peigne sur la queue pour éviter que les dents en métal n'irritent la peau. Passez vos doigts dans sa fourrure et regardez-la de près : voyez-vous des amas de poils ? Si vous voulez aller encore plus loin, servez-vous d'un sèche-cheveux. Passez-le au-dessus de la fourrure et voyez s'il reste encore des nœuds. Il n'y en a pas ? L'opération est terminée. Ouf ! Vous pouvez être fier de vous !

Une de mes clientes s'est présentée un jour avec son caniche que je n'avais pas vu depuis quatre mois. Sa dernière tonte remontait à environ six mois. Elle ne comprenait pas pourquoi je lui affirmais que la fourrure contenait plusieurs nœuds. Elle était sûre d'avoir bien accompli sa tâche puisqu'elle pouvait voir la peau de son chien entre les poils… En réalité, elle voyait bien la peau, mais de chaque côté des nœuds et non pas autour de chaque poil !

L'important est de pouvoir voir chaque poil sous chacun de ses angles latéraux. Théoriquement, si vous pouvez passer aisément un peigne et le glisser sur la peau sans rencontrer d'obstacle, c'est que l'opération de brossage est réussie.

Des accessoires bien adaptés

Le poil court

Un animal qui possède un poil court naturel (boxer, labrador, dalmatien…) ne requiert que peu de soins. Il suffit d'un bon brossage pour faire tomber des poils qui autrement se déposeraient sur vos meubles.

Pour brosser un chien à poil court et à la toison mince, utilisez un gant de caoutchouc ou encore un couteau amincisseur. Pour un poil court plus épais, utilisez un râteau en métal, en vous gardant d'appuyer trop fort lorsque vous l'utilisez.

Ne vous servez pas de l'amincisseur ou du râteau sur le bas des pattes, la tête ou les oreilles ; ils sont irritants pour la peau. Soyez particulièrement délicat en brossant la queue. Ce type de fourrure ne se brosse pas à rebrousse-poil.

Le poil mi-long ou long

Voilà un peu plus de travail, et même peut-être beaucoup plus ! Divisons les sujets en deux catégories.

1. Les chiens possédant un sous-poil épais qui mue, comme le berger allemand, les chiens de type nordique, le bouvier bernois, le golden retriever, les spitz, etc.
2. Les chiens reconnus pour ne pas muer comme le schnauzer, les bichons, les caniches de toutes dimensions, le soft-coated wheaten, certains shih-tzus et certains lhasa apsos, le bouvier des Flandres, etc. À cette dernière catégorie, ajoutons les autres chiens comme le cocker, le papillon, les chiens de chasse, ainsi que tous les autres chiens « non identifiables ! ».

La première catégorie

Si nécessaire, défaites les nœuds avec le démêleur (n'oubliez pas les fesses), puis continuez avec un râteau en insistant sur le tronc, le poitrail et les cuisses. Évitez d'appuyer trop fort sur le râteau pour ne pas irriter la peau et ne touchez pas les endroits où le poil est court. Brossez tout le corps uniformément, sauf la tête et les oreilles ainsi que les endroits où le poil est court. Ne négligez pas la poitrine, l'intérieur des pattes avant et arrière, les fesses, la queue, le cou et l'arrière des oreilles.

Vous serez sans doute surpris de trouver très peu de nœuds dans ce type de fourrure mais plutôt une épaisse couche de sous-poil malaisée à enlever. Brossez en relevant la fourrure, couche par couche. L'épaisseur du poil est trompeuse ! Vous aurez peut-être l'impression d'avoir atteint toute la surface du corps alors qu'il y a encore des coins ou de petites parties qui n'ont pas été touchés. Brossez uniformément le corps plusieurs fois et finissez… avec le peigne ! Brossez et peignez aussi longtemps que vous verrez du poil tomber (oui, oui, vous avez bien lu !) et cela en veillant à ne pas irriter la peau.

La seconde catégorie

Voilà la catégorie de chien qui nécessite beaucoup de travail. Vous devez vous armer de patience et disposer de beaucoup de temps. N'oubliez pas que les poils que vous ne retrouvez pas sur votre tapis immaculé sont emprisonnés dans la fourrure de votre chien. Et, bien entendu, ces poils se transforment quotidiennement en nœuds. Voilà pourquoi votre cher compagnon s'est souvent retrouvé, à votre grand désespoir, rasé de près et nu comme un ver…

Si la fourrure de votre chien est courte après une tonte, brossez-la quand même pour favoriser la santé du poil et de la peau. Utilisez d'abord une brosse et finissez avec le peigne. Assurez-vous de démêler les nœuds qui se trouvent sur la queue, la tête ou les autres parties du corps où le poil est plus long.

Que vous préfériez un poil naturel ou une coupe aux ciseaux, le démêlage et le brossage sont essentiels. Effectuez un bon brossage après avoir démêlé les nœuds : travaillez par couches successives en relevant le poil, tout en veillant à ne pas irriter la peau. Brossez bien toutes les parties du corps de votre chien, car sa prochaine toilette professionnelle pourrait en dépendre. Brossez également à rebrousse-poil. Finissez avec le peigne qui doit obligatoirement glisser dans la fourrure sans rencontrer d'obstacles.

Les conseils ci-dessus s'appliquent également aux chiens dont le poil mue normalement. La fourrure sera cependant plus facile à brosser et vous y consacrerez moins de temps.

Le poil frisé

Si votre chien possède une fourrure bouclée que vous désirez conserver ainsi, utilisez un râteau en V. Ses dents bien distancées sont conçues pour vous permettre de repérer les nœuds et de conserver les boucles bien formées. Ouvrez tout de même la fourrure avec vos doigts, ce qui vous permettra de constater la présence de nœuds ou, mieux encore, faites-les démêler au préalable par un professionnel. Pour brosser les oreilles, le pompon de tête et de la queue, utilisez une brosse normale, puis un peigne.

La fréquence

« Combien de fois ? », me demanderez-vous. Eh bien, un brossage quotidien serait parfait. Et si vous pensez que c'est exagéré, rappelez-vous qu'un brossage efficace effectué tous les jours ne vous demandera que quelques minutes. Profitez d'un moment libre en soirée pour écouter de la musique tout en brossant votre chien. Faites-en une habitude : tous les jours, après votre repas du soir ou au retour de la promenade, appelez votre chien, montrez-lui la brosse et commencez le brossage. Cette activité devrait devenir pour vous deux un moment privilégié à partager.

Souvenez-vous des raisons pour lesquelles votre chien a besoin d'un brossage quotidien ; elles sont multiples :

- l'hygiène – la propreté – de votre chien pour votre propre bénéfice et celui de la maison ;
- la santé de la peau de votre chien ;
- son confort ;
- son besoin de contacts (émotionnel et tactile).

Le brossage rendra également le travail plus facile au toiletteur et préviendra les douleurs du démêlage.

Les yeux, les oreilles et les griffes

Des yeux pour voir

J'aborderai ce passage sur les yeux en vous racontant une fois de plus une anecdote. Il y a quelques années, j'ai travaillé dans une clinique vétérinaire qui offrait le service de pension. Il y avait parmi nos pensionnaires un petit caniche boudeur qui refusait de jouer avec les autres. Il se tenait à l'écart toute la journée et ne tolérait la présence d'aucun chien.

Peu avant le retour de son maître, on me demanda de procéder à sa toilette. Il se montra docile et me laissa faire mon travail gentiment. Pour terminer, j'entrepris de lui couper le pompon qu'il avait sur la tête, un pompon immense qui recouvrait ses yeux. Je me dis que sa dernière visite chez un toiletteur devait remonter à longtemps ! Lorsque, avec quelques coups de ciseaux, je réussis à dégager les yeux du caniche, j'observai avec un certain étonnement le bout de sa queue frétiller de plaisir. Je compris alors la raison de sa mauvaise humeur : le pauvre chien ne voyait rien ! Et lorsque je le ramenai à la salle de jeu, le petit caniche se mit à courir et à jouer joyeusement avec les autres chiens. C'était un tout autre animal que celui que nous connaissions. Les employés n'en croyaient pas leurs yeux.

Oubliez la rumeur voulant qu'un chien ait une meilleure vue avec une frange qui lui cache les yeux ! L'histoire du petit caniche nous le prouve bien !

Les coins des yeux propres

Grattez délicatement les sécrétions aux coins des yeux avec le peigne à puces. Faites-le à sec ou utilisez de l'eau ou un produit liquide conçu à cet effet, ce qui aura pour effet de ramollir les sécrétions. Si vous n'y arrivez pas, attendez de lui donner son bain. Vous pourrez alors lui nettoyer les yeux avec le shampoing et le peigne à puces. L'utilisation de ciseaux peut être dangereuse si les sécrétions sont complètement collées à la peau et non aux poils.

Coloration des poils aux coins des yeux

Il est très difficile d'éviter cette coloration brune aux coins des yeux causée par des sécrétions. Utilisez quotidiennement les produits conçus à cet effet vendus dans les animaleries, et… bonne chance ! Pour connaître la cause de ce problème qui peut varier d'un chien à l'autre, consultez un vétérinaire.

Les coins des yeux dégagés

Prenez l'habitude de couper les poils aux coins des yeux de votre chien, à moins que vous n'ayez décidé de les laisser allonger pour qu'ils s'incorporent à sa frange ou dans le poil de son museau.

Avant de commencer, faites un test. Tracez du bout du doigt de petits cercles au coin d'un œil, tout doucement. Si votre chien demeure calme, vous pouvez entreprendre ce travail sans crainte. Sinon, demandez l'aide d'une personne de votre entourage avec laquelle il se sentira calme ou adressez-vous à un professionnel.

À l'aide du peigne, relevez délicatement, les poils indésirables au coin d'un œil et entre ses yeux. Si possible, masquez délicatement son œil ou ses deux yeux pendant l'opération. Utilisez des ciseaux de la bonne dimension, les bouts pointus des lames bien au-dessus des yeux, et appuyez-les sur le coin intérieur de l'œil avant de couper les poils. Coupez d'un seul coup et continuez en coupant aussi les poils entre les deux yeux et sur le dessus du museau. Faites de même avec l'autre œil. Soyez confiant : la majorité des chiens sont calmes durant cette opération, mais n'oubliez pas que votre chien peut donner un brusque coup de tête à tout instant.

Les coins des yeux sont propres avant d'entreprendre cette étape.

Beaucoup de gens croient que des ciseaux très courts sont plus sécuritaires, mais la pointe des ciseaux reste une pointe, quelle que soit la longueur de la lame. Par exemple, si vous employez des ciseaux minuscules pour couper les poils au coin de l'œil, la pointe des lames (même si elle est ronde) est beaucoup plus près du globe oculaire que lorsque vous utilisez des ciseaux plus longs. En utilisant des ciseaux plus longs, les pointes seront situées bien au-dessus des yeux. L'opération sera donc plus sécuritaire. C'est en effet au niveau de la jonction des deux lames que vous coupez et non avec la pointe des ciseaux. Le truc est d'avancer les ciseaux vers le devant du visage en maintenant les pointes bien élevées et d'appuyer l'outil au coin de l'œil.

La fréquence

Nettoyez les yeux tous les jours si possible, et cela, même si vos efforts ne réussissent pas à éliminer la coloration causée par les sécrétions des yeux. En effet, ces sécrétions dégagent une odeur nauséabonde que votre chien doit continuellement supporter. Rappelez-vous que son odorat est plus développé que le vôtre !

Pour éviter les longs poils aux coins des yeux et sur le museau, procédez à une coupe régulière aussi souvent que nécessaire. N'attendez pas la prochaine visite chez le toiletteur pour rendre la vue à votre meilleur ami.

Des oreilles pour entendre

Les oreilles du chien peuvent se comparer à un écosystème qu'il convient de ne pas déranger inutilement.

L'épilation

L'épilation des oreilles permet à l'air d'entrer dans les conduits auditifs. L'épilation peut donc prévenir des problèmes de santé ou encore aider à les traiter. Cette opération est particulièrement efficace quand elle est pratiquée sur les races canines dont le conduit auditif s'obstrue complètement comme c'est le cas pour le schnauzer. Si l'entrée du conduit auditif est garnie de quelques poils seulement et que vous jugez que l'air peut y circuler, ne l'épilez pas. Si les poils sont nombreux au point de bloquer l'entrée du conduit et d'empêcher l'air de circuler, l'épilation, qui est douloureuse, sera inutile si votre chien n'est généralement pas affecté par des problèmes d'oreilles. Ainsi, demandez conseil à un vétérinaire pour vous assurer que l'épilation est nécessaire au bien-être de votre chien.

Pour épiler les oreilles, utilisez une poudre d'épilation spécialement conçue à cet effet, ce qui facilitera votre tâche et diminuera la douleur de l'animal. Saupoudrez-en un peu à l'entrée du conduit et arrachez les poils avec vos doigts. Essayez de saisir une petite touffe de poils en les pinçant à la base, le plus bas possible, tout près de la peau. N'enlevez que ce qui est nécessaire (le minimum) et ne touchez pas au pavillon. Terminez par un nettoyage des oreilles.

Le nettoyage

Voilà une autre opération qui rebute bien des gens qui craignent de blesser leur animal. Sachez que cette opération de nettoyage est rarement la cause de blessures, car le conduit auditif en forme de « L » assure une protection au tympan.

Utilisez un tampon d'ouate enduit d'un produit nettoyant liquide conçu à cet effet, ou encore de l'huile minérale ou de l'huile d'olive. Pour vous faciliter la tâche et diminuer vos craintes, procédez de la manière suivante.

1. Versez le produit nettoyant sur le bout d'un tampon.
2. Insérez celui-ci dans le conduit auditif en le tenant par une extrémité. De cette façon, seul le tampon d'ouate imbibé sera introduit dans l'oreille, éliminant tout risque de blessure. Le risque serait plus grand si vous utilisiez des pinces, comme le font les toiletteurs, ou un cure-oreille.
3. Faites tourner le tampon sur lui-même pour bien nettoyer le conduit. Attention de ne pas pousser le tampon au fond du conduit, ce qui pourrait endommager le tympan. Si le tampon se remplit de saletés, prenez-en un autre et recommencez jusqu'à ce que le conduit soit propre. Puis nettoyez le pavillon. Si vous ne venez pas à bout de toutes les saletés, arrêtez le nettoyage et informez-vous auprès d'un vétérinaire.

Vous pouvez vous contenter de verser quelques gouttes de produit nettoyant dans l'oreille de l'animal que vous masserez à sa base. Les débris s'évacueront d'eux-mêmes au cours des heures suivantes.

Vous pouvez aussi insérer un doigt dans une serviette humide (comme celles qu'on utilise pour les soins aux bébés) et nettoyer délicatement le conduit et le pavillon. N'utilisez jamais de cure-oreilles. Si l'animal semble souffrir, n'hésitez pas à consulter un vétérinaire.

Un examen minutieux

Examinez régulièrement l'intérieur des oreilles de votre chien, surtout si celles-ci sont pendantes et poilues (l'entrée d'air dans le conduit auditif est alors limitée). Si vous remarquez l'apparition soudaine de saletés, nettoyez consciencieusement ses oreilles et continuez vos observations. Si les sécrétions sont plus fréquentes, il est possible que les oreilles soient infectées. Observez bien le comportement de votre chien, il pourrait confirmer vos doutes. Voyez s'il remue fréquemment la tête, s'il se gratte les oreilles, etc. Consultez un vétérinaire au besoin et, surtout, suivez scrupuleusement ses directives. Ne laissez pas votre chien souffrir en silence. Assurez-vous également que le toiletteur qui s'occupe de votre chien respecte les règles de nettoyage établies par votre vétérinaire.

La fréquence

Examinez régulièrement les oreilles de votre chien. Sont-elles toujours propres ? Alors, laissez la nature faire ce qu'elle a à faire. Un léger nettoyage de temps à autre sera suffisant. En revanche, si votre chien a des oreilles à problèmes, soyez méticuleux, surveillez-le de près, jour après jour, mois après mois, année après année. Et soyez compatissant à sa douleur : un mal d'oreilles persistant peut l'amener à être impatient ou de mauvaise humeur dans diverses situations. Encore ici, un vétérinaire sera votre meilleur conseiller.

Les griffes

Vous avez peut-être déjà entendu parler de ces personnes en Inde qui cessent volontairement de se couper les ongles afin de les avoir très longs. Leurs activités s'en trouvent très réduites ; ils ne peuvent ni travailler ni tenir eux-mêmes leurs couverts pour s'alimenter. J'ai vu à la télévision un reportage sur l'un d'entre eux qui s'était privé de l'usage de sa main gauche pendant 30 ans afin d'obtenir des ongles mesurant, au total, 6 m de long ! Si peu d'entre nous aimerions vivre cette situation, qu'en pensent donc nos amis les chiens ? Je croise pourtant des chiens sur le point de briser des records !

La coupe régulière des griffes est aussi importante pour eux que peut l'être celle des ongles pour nous. De pauvres chiens se retrouvent régulièrement à la clinique vétérinaire pour une blessure à un orteil causée par une griffe trop longue. On les entend gémir de douleur. C'est d'autant plus navrant que cela aurait pu être facilement évité. Ne laissez pas votre chien vivre une expérience douloureuse.

> **Si vous voulez à tout prix éviter de tailler ses griffes,
> ne les ignorez pas pour autant.**

Vous avez alors le choix entre deux options.

1. Promenez votre chien tous les jours. C'est certainement la méthode la plus agréable et il vous en sera reconnaissant. Le frottement de ses griffes sur le ciment des trottoirs aura pour effet de les limer naturellement. Et quels bienfaits vous en retirerez vous-même, tant physiquement que moralement ! Et sera également l'occasion de vous faire de nouveaux amis !
2. Veillez à ce que ses griffes soient coupées régulièrement. Même entre deux toilettages, passez à votre salon et demandez une taille de griffes. Consultez un toiletteur professionnel qui vous conseillera sur la fréquence des visites si votre chien a des besoins spécifiques.

Le faire soi-même

L'idéal est d'apprendre à le faire vous-même, car c'est certainement une étape qui, plus que les autres, met la patience à rude épreuve, tout en développant un fort pouvoir de persuasion. Allons, courage, il y a pire que cela dans la vie !

Munissez-vous de votre taille-griffes et, bien sûr, de fécule de maïs ou de poudre coagulante (Quick Stop) pour permettre d'arrêter le flot de sang qui ne manquera pas de se déverser sur votre table. (Je plaisante, bien sûr !) Faites ensuite une ou deux prières et allez-y !

Soyez confiant

Si vous tremblez à l'idée de tailler les griffes de votre chien, il le pressentira. Vous lui transmettrez votre nervosité et le convaincrez que cette opération est vraiment dangereuse. Même si vous avez malencontreusement coupé une veine lors de votre dernière tentative, demeurez calme et mettez-vous à l'œuvre.

N'oubliez pas que les toiletteurs d'expérience commettent eux aussi des erreurs au cours de la taille des griffes. Ce n'est pas parce qu'il aura sectionné le bout de la racine d'une griffe d'un chien un jour qu'il refusera de lui couper les griffes lors de ses prochains toilettages. Pour les mêmes raisons, une simple erreur ne devrait pas vous conduire à renoncer à cette étape nécessaire.

Apprenez à connaître le fonctionnement de votre taille-griffes

S'il s'agit d'un modèle à guillotine, placez l'instrument de manière que la lame mobile soit de votre côté et non vers l'orteil. Autrement, l'épaisseur de la lame risquerait de couper plus d'ongle que nécessaire. Les autres modèles fonctionnent comme des ciseaux.

Passez à l'action !

Prenez délicatement dans votre main l'un des pieds de l'animal. Ne serrez ni son pied ni ses orteils. Placez une première griffe dans le taille-griffes.

La griffe est rose. Parfait, vous voyez la racine. Assurez-vous que la coupe s'effectuera en avant de cette racine… Coupez ! Agissez avec assurance. Si vous taillez par petites couches, limitez vos essais : cela sera trop long et le chien s'impatientera. Enlevez-en moins à chacune des séances et recommencez plus souvent.

« Ah, non ! La griffe est noire ! », me direz-vous. Ne vous défilez pas ! C'est aussi facile que pour la griffe rose. Coupez-en une petite couche. Regardez la surface de la partie coupée : vous devriez voir un ovale blanc. Y a-t-il un petit point noir au centre ? Non ? Alors, enlevez-en une autre petite couche. Y a-t-il un point noir ? Oui ? Bravo, vous avez atteint le début de la racine. Soyez vigilant : parfois le petit cercle est rose plutôt que noir. Passez à une autre griffe.

Si la griffe saigne

Surtout, pas de panique ! Cela peut arriver à tout le monde, les toiletteurs professionnels compris ! Si une petite bulle de sang pointe lentement au bout d'une griffe, il ne sera probablement pas nécessaire d'utiliser un coagulant. Cependant, si une goutte perle et tombe, aussitôt suivie d'autres gouttes, plongez le bout de l'un de vos doigts dans le coagulant en vous assurant d'y faire adhérer une quantité suffisante de poudre. Placez le doigt sur le bout de la griffe et maintenez-le en place plusieurs secondes. Retirez-le. Le saignement devrait avoir cessé grâce à l'action coagulante de la poudre. Si le sang continue de couler, recommencez. À moins que vous n'ayez sectionné sérieusement la racine, ce qui est très peu probable, le saignement sera bientôt interrompu.

Si vous utilisez du savon humide, appuyez-y simplement le bout de la griffe qui saigne ; cette fine couche de savon interrompra le saignement.

N'allez pas croire que votre carrière de coupeur de griffes est terminée. Encore ici, tout est dans l'attitude que vous aurez choisi d'adopter. Soyez confiant. Et, surtout, demeurez calme, car votre énervement se communiquerait à votre ami ; il s'agiterait encore plus et le flux de sang augmenterait.

La griffe : une entité distincte

Chaque griffe devrait être traitée individuellement. Généralement, les griffes des pattes arrière sont plus courtes que celles des pattes avant. Mais à l'intérieur d'un même pied, il est possible que des griffes soient plus courtes que d'autres. Certaines n'ont pas toujours besoin de taille. Vérifiez bien au préalable.

Dans le cas de griffes noires, observez bien la partie qui entre en contact avec le sol : voyez-vous la fameuse racine, ce point noir qui apparaît au centre ? Si vous la voyez, ne sectionnez pas cette griffe. Examinez soigneusement chaque griffe.

Vous pouvez utiliser une lime à ongles pour remplacer le taille-griffes, auquel cas il vous faudra limer souvent les griffes, ou encore après la taille afin d'obtenir une griffe bien lisse. Notez cependant que plusieurs chiens détestent qu'on leur lime les griffes.

Soyez responsable de votre chien et apprenez à lui couper les griffes. Vous pourriez aussi vous rendre dans un salon de toilettage et demander au toiletteur de le faire devant vous afin que vous puissiez bien l'observer. C'est un grand service que vous rendrez à votre chien et peut-être même à celui du voisin !

La fréquence
Tout dépend du style de vie de votre chien. Un chien de salon a besoin d'une coupe aux six semaines. Un chien qui marche beaucoup sur les trottoirs ou dans la rue n'en n'aura peut-être jamais besoin.

Lorsque vous cajolez votre animal, profitez-en pour examiner ses griffes. N'attendez pas qu'il soit trop tard. Certains ongles sont si longs qu'ils finissent par s'introduire dans les coussinets. Une griffe peut aussi se coincer dans une marche d'escalier tandis que le chien descend en courant. Imaginez sa douleur !

Histoires d'ongles
Au salon de toilettage, des clients demandent des tailles sévères afin que les griffes de leur compagnon soient taillées le plus court possible. Elles écorchent leurs jambes, disent-ils, lorsque leur chien s'agrippe à eux à leur retour à la maison. Premièrement, il faut savoir que le toiletteur ne peut pas couper plus court que la pointe de la racine. La griffe sera donc toujours trop longue pour éviter ce désagrément.

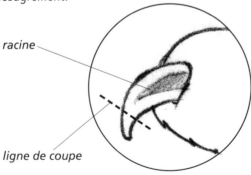

racine

ligne de coupe

Deuxièmement, l'attitude de leur chien s'avère être un problème de comportement dont ils devraient discuter avec un éducateur canin ou qu'ils devraient corriger en s'informant dans de nombreuses publications qui traitent d'éducation canine.

La taille d'une racine est-elle très douloureuse ? Chaque animal a un seuil de tolérance qui lui est propre et les réactions sont très variables. Que le chien soit calme ou nerveux lorsqu'on entreprend la coupe de ses griffes, il est impossible de prévoir sa réaction si une veine est sectionnée. Les réactions sont imprévisibles et ne devraient pas réfréner votre détermination. Gardez votre calme et faites de votre mieux, comme le font les toiletteurs professionnels.

Les sous-pieds et les organes génitaux

Probablement parce qu'ils sont moins visibles, les sous-pieds et les organes génitaux sont presque toujours négligés. Même s'ils ne requièrent pas autant de soins que la fourrure ou les griffes, vous devriez surveiller leur condition.

Les sous-pieds
Imaginez ce qu'il vous faudrait endurer si vous deviez travailler, vous servir de divers instruments ou conduire une automobile avec des billes coincées entre les doigts ? Vous seriez mal à l'aise, vous n'auriez aucune prise sur les objets, vous risqueriez de déformer vos doigts et seriez exposé à toutes sortes d'accidents.

Le chien aussi a grand besoin de ses pieds et de ses sous-pieds, et chacun de ses orteils a un rôle à jouer dans les mouvements qu'il effectue au cours de ses activités, qu'il s'agisse de la marche ou de la course. Peut-il compter sur vous pour garder un pied agile ?

Les orteils
Avant d'examiner les sous-pieds de votre chien, regardons un peu ses orteils. Il arrive que des orteils soient anormalement soudés ensemble par un enlacement serré de poils ou que des amas de poils se forment entre les orteils. Cela gêne le mouvement naturel du pied lors de la marche ou de la course.

Pour cette intervention, vous devez être prudent et procéder seulement si le chien est calme et coopérant. Une mince peau unit les orteils les uns aux autres : il faut être minutieux afin de ne pas la couper accidentellement.

1. Regardez le dessus du pied.
2. Voyez si deux orteils sont immobilisés à cause d'un enlacement de poils. Si c'est le cas, taillez ces poils avec vos ciseaux.
3. Écartez deux orteils à la fois. Voyez si un amas de poils se loge entre les deux. Si vous pouvez, à l'aide d'un peigne, surélever cet amas au-dessus des orteils, coupez-le. Si le nœud est solidement inséré entre les orteils, essayez soit de le couper avec beaucoup de prudence, ou préférablement, demandez l'aide professionnelle d'un toiletteur (*voir aussi p. 59*).

Sous le pied

Si la peau rugueuse du sous-pied est recouverte de poils, il sera nécessaire de l'entretenir en coupant les poils indésirables, ceux qui, en s'accumulant, rendent le pied glissant et perméable à tout ce qui se trouve sur le sol. Diverses substances adhèrent en effet aux sous-pieds du chien et ne peuvent être délogées que par l'intervention des ciseaux.

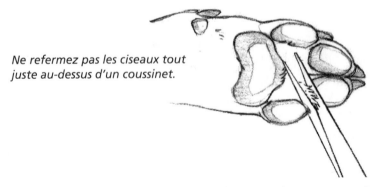

Ne refermez pas les ciseaux tout juste au-dessus d'un coussinet.

1. Installez-vous de façon à voir clairement tout le sous-pied. Assurez-vous du confort de votre position et du calme de votre animal. **Mais attention :** si vous coupez un coussinet, il sera très difficile d'interrompre le flux sanguin.

2. Relevez les poils avec un peigne. S'ils sont collés, défaites-les à l'aide des ciseaux. Attention ! Soyez prudent.

3. Coupez les poils dépassant la surface du sous-pied en suivant les espaces (lignes droites) entre les coussinets. Ne refermez pas vos ciseaux tout juste au-dessus de la peau rugueuse d'un coussinet. Fignolez votre travail en raccourcissant les poils graduellement jusqu'à la surface des coussinets. Voilà, c'est fait !

4. Laissez maintenant le pied reposer normalement et peignez-en les poils jusque sur la table. Toujours à l'aide de vos ciseaux, faites le tour du pied en suivant d'assez près sa forme extérieure (pas au-dessus mais bien son contour) et coupez aussi devant les griffes. Bravo ! Vous avez fait un beau pied rond.

Dans le pied

Il est question ici de la partie inférieure du sous-pied, située sous les quatre orteils. Vous y remarquerez un gros coussin allongé de forme triangulaire. Au-dessus de ce coussin, en dessous des orteils, beaucoup de poils s'accumulent pour former parfois une masse dense et compacte.

Glissez un doigt dans cette partie du pied. Si le poil forme effectivement une masse, vous la sentirez au toucher et pourrez l'éliminer vous-même. Si vous n'êtes pas très sûr de vous pour effectuer cette tâche, demandez à un toiletteur professionnel de soulager votre chien : le tour sera joué en quelques secondes. Voici tout de même la manière de procéder.

1. Si vous êtes confiant et que votre chien est calme, prenez un de ses pieds et installez-vous de façon à bien voir le sous-pied. Délicatement, faites bouger ses orteils afin d'ouvrir l'espace compris entre ceux-ci et le gros coussinet. Maintenez cet espace ouvert pendant toute l'opération afin de bien voir la surface. Pour ce faire, vous pouvez déposer le dessus du pied dans la paume de votre main. En appuyant sur les griffes avec le bout de vos doigts repliés, ramenez les orteils vers le centre de la paume de votre main. Bien sûr, il s'agit d'une image : les orteils du chien ne peuvent pas s'ouvrir au point de rejoindre le centre de la paume de votre main.

2. Glissez des petits ciseaux entre ce coussin et la base des orteils (n'allez pas entre les orteils mais bien en dessous).

3. Coupez le poil avec beaucoup de précautions et sans vous hâter. Vous serez étonné de la solidité des nœuds qui formaient cette masse compacte. Attention de ne pas couper un coussinet, car le saignement est difficile à arrêter.

La fréquence

Allez-y selon l'état de la fourrure de votre chien, en vous basant sur ses activités quotidiennes et la fréquence de ses visites chez le toiletteur. S'il marche dans la rue et que ses poils se couvrent de gomme ou de goudron, vous devriez y voir rapidement ! Si sa fourrure est mi-longue ou longue examinez ses pieds aux six semaines ça devrait suffire ! Si la visite chez le toiletteur a lieu toutes les six ou huit semaines, ou s'il a le poil ras, oubliez cela !

Les organes génitaux

Les organes génitaux sont les grands oubliés du corps canin. Les maîtres s'en préoccupent peu et pourtant, ne devraient-ils pas être aussi propres et bien entretenus que les nôtres ?

L'anus

Il arrive que des chiens ne puissent déféquer pendant plusieurs jours à cause des poils qui obstruent l'anus et empêchent la sortie des selles. Oui, oui, vous avez bien lu ! Quelle situation désagréable et douloureuse, n'est-ce pas ? Prenez donc grand soin de l'anus de votre meilleur ami en suivant les indications qui suivent.

1. Examinez régulièrement l'anus de votre chien afin de vérifier sa propreté et la longueur des poils qui le dissimule (s'il y a lieu). S'il est sale, nettoyez-le pour éviter que ce qui s'y trouve n'aboutisse sur le tapis du salon ou dans votre lit. Allez, ne soyez pas dédaigneux ! Utilisez un papier mouchoir ou une serviette en papier humide et enlevez tous les excréments. Si la fourrure de votre chien est longue autour de l'anus, lisez ce qui suit.
2. Seul ou avec une personne qui soutiendra le chien par en dessous, relevez les poils entourant son anus. Utilisez un peigne et prenez soin de ne pas toucher à l'anus lui-même.

3. Servez-vous des ciseaux que vous tiendrez devant l'anus, sans toucher à celui-ci. Coupez le poil d'un trait. Il n'est pas nécessaire que le poil soit coupé au ras de la peau. Il suffira que le poil soit court pour qu'il reste propre. Pour un maximum de propreté, coupez quelques poils à la base de la queue, juste au-dessus de l'anus.

Le fourreau et la vulve

Bien entendu, la propreté est de mise là aussi. Pour illustrer mes propos, j'ai malheureusement le choix entre plusieurs histoires tristes. Tiens, récemment j'ai trouvé une bardane bien piquante dans les poils couvrant le pénis d'un loulou de Poméranie. S'il vous plaît, devenez un maître responsable. Examinez régulièrement le fourreau (enveloppe qui recouvre le pénis), ou la vulve de votre animal. Avec de l'eau et du savon ou une serviette humide, nettoyez délicatement les parties souillées par des sécrétions et rincez à l'eau claire. Si le poil est abondant sur les organes génitaux, procédez de la manière décrite ci-dessous.

Les soins de la région entourant le pénis

Placez une main sur le bout de l'organe de votre chien en prenant soin de laisser visibles les poils à l'extrémité du fourreau.

Coupez ces poils en prenant soin de ne pas toucher la peau. Bravo ! Vous pouvez arrêter là ou continuer comme ceci. Tenez le fourreau entre vos doigts de façon à à bien distinguer les poils de la peau. Coupez les poils qui poussent le long du fourreau sans toucher la peau. Il n'est pas nécessaire de couper le poil très court, il suffit que le pénis soit dépourvu des poils qui, avec le temps, pourraient empêcher l'urine de s'écouler normalement.

Les soins de la vulve

Cette opération étant particulièrement délicate, n'hésitez pas à demander l'aide d'un proche pour tenir la chienne par-dessous. Procédez comme pour le pénis mais n'insistez pas si votre chienne bouge ou se débat. Il est essentiel de bien distinguer le poil de la peau pour éviter toute blessure.

Si, après votre intervention, vous remarquez que votre animal lèche exagérément sa vulve ou son pénis (cela peut aussi survenir à la suite d'un toilettage professionnel), vous devrez intervenir aussitôt. Faites porter à votre chien un col élisabéthain ou enroulez-lui un gros foulard autour du cou afin que sa tête n'ait plus accès à ses parties génitales. Consultez un vétérinaire sans tarder si votre chien est tourmenté et ne cesse de se lécher. Autant que possible, ne touchez pas aux testicules.

La fréquence
Examinez régulièrement les parties génitales de votre chien et faites le nécessaire pour que ses organes restent propres et fonctionnels. Mais n'en faites pas trop : des manipulations répétées sont superflues et l'agaceraient inutilement.

Encore un peu plus !

Si votre chien coopère, qu'il est calme et que vous maîtrisez bien les opérations de coupe et de brossage, vous pourrez aller encore un peu plus loin. Voici quelques exemples de coups de ciseaux faciles à effectuer.

La frange
Si vous avez réussi à couper les poils aux coins des yeux et sur le museau de votre chien, essayez de tailler sa frange élégamment. C'est simple, même si peu de gens s'y risquent. N'oubliez pas de toiletter soigneusement la tête avant de couper la frange. Par ailleurs, n'oubliez pas que le peigne et le ciseau devraient travailler alternativement afin d'assurer une belle coupe. Voici comment procéder.

1. Brossez puis peignez la frange en la laissant retomber devant les yeux et le museau. Saisissez tous les poils du dessus de la tête. Ceux qui sont suffisamment longs pour recouvrir les yeux du chien seront raccourcis. Si vous nouez régulièrement les poils au milieu de la tête, commencez par faire la queue puis peignez les poils de la frange vers l'avant.

2. Tenez-vous au-dessus de votre chien, de manière à voir le dessus de sa tête. Placez vos ciseaux exactement au-dessus et au centre du museau. Coupez le poil à la largeur du nez du chien. En regardant au-dessus de sa tête, vous devriez voir la moitié du nez de votre chien. Servez-vous de ce point de repère pour tailler toute la frange.

3. En partant de ce centre, dirigez vos ciseaux en diagonale descendante. Vous devez former une courbe ovale, vers la gauche et vers la droite à partir du centre. La courbe passe devant les yeux et non au-dessus de ceux-ci.

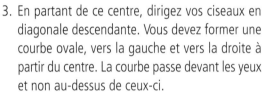

4. Vue de face, la frange devrait former un demi-ovale. La courbe fuit de chaque côté de la tête, vers le bas, en direction de points situés à l'arrière des commissures des lèvres. Si vous désirez une frange plus courte, recommencez en suivant les étapes précédentes. Terminez en taillant doucement pour obtenir une belle ligne. Alternez les coups de ciseaux et de peigne pour obtenir le meilleur résultat possible.

La fréquence

N'attendez pas le prochain rendez-vous chez le toiletteur. Taillez la frange aussitôt que celle-ci entrave la vue de votre chien.

La jupe

Quand viendra l'hiver, vous serez certainement soulagé à l'idée d'éviter une accumulation de neige, d'eau ou de boue dans la maison. Et la taille de la jupe conférera une jolie silhouette aux chiens à poil long.

Avant de procéder à la coupe de la jupe, effectuez un brossage et un démêlage complets. Notez également que plus vos ciseaux seront longs, plus votre coupe sera droite et facile à obtenir.

Pour y parvenir, tenez vos ciseaux dans une main et votre peigne de l'autre. Les deux instruments devraient travailler *alternativement* afin d'assurer une ligne bien droite. Voici comment procéder.

1. Évaluez d'abord votre travail en observant la jupe de votre chien. Vous devez couper le poil en une ligne diagonale aussi droite que possible. Commencez la coupe en tenant vos ciseaux devant la partie supérieure avant de la cuisse, et faites les avancer vers la patte avant.

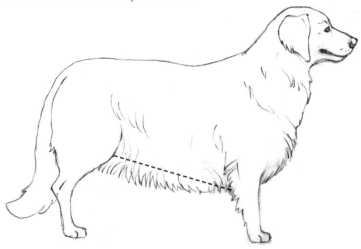

2. Taillez la ligne complètement mais sans enlever trop de longueur au poil afin de vous permettre de corriger l'angle de la jupe si nécessaire. Recommencez l'opération jusqu'à obtenir graduellement la longueur désirée. N'oubliez pas que la jupe doit être taillée en suivant une ligne descendante droite de l'arrière vers l'avant (et non horizontale).

3. Penchez-vous afin de bien tailler les poils du dessous. Attention aux mamelles et au pénis si vous coupez la jupe très courte. Profitez-en pour donner quelques coups de ciseaux du côté opposé. Ils constitueront d'utiles points de repère lorsque vous taillerez l'autre côté de la jupe.

4. Après avoir taillé le premier côté, taillez l'autre partie de la jupe en vous efforçant d'obtenir la même longueur de chaque côté. Travaillez en vous penchant (pliez vos genoux) et en gardant toujours les yeux à la hauteur de la ligne de coupe.

5. Vous pouvez égaliser la jupe et les poils du poitrail. Levez les pattes avant en alternance. Finalisez la nouvelle ligne de la jupe jusqu'à l'avant, entre les deux pattes antérieures. Puis, tenez-vous devant le chien et taillez en vous efforçant de créer une ligne droite entre les deux pattes avant.

La fréquence
Taillez la jupe de votre chien selon votre préférence.

Les poils des fesses

Certaines races de chiens comme le golden retriever, le colley ou le loulou de Poméranie possèdent une fourrure longue et abondante sur les fesses. Bien que cette toison contribue à leur beauté, bon nombre de maîtres préfèrent la raccourcir et l'amincir. Vous pouvez faire cette coupe vous-même. Notez cependant que la fourrure doit être démêlée et brossée auparavant. Par ailleurs, vous serez bien avisé d'utiliser de longs ciseaux qui vous faciliteront le travail. Vous taillerez en utilisant les ciseaux et le peigne en alternance. Plus vous peignerez, plus juste sera le résultat. Voici comment procéder.

1. Abordez un premier côté en pointant vos ciseaux vers le sol, les couchant légèrement sur la fourrure. À l'aide de petits coups de ciseaux, balayez la largeur de la fesse, de gauche à droite, puis descendez graduellement pour couvrir toute la surface, et cela sans cesser de peigner.
2. Recommencez de l'autre côté.
3. Peignez consciencieusement et reculez-vous souvent pour apprécier le résultat. Essayez de tailler les deux côtés en leur gardant la même épaisseur et la même longueur de poil.
4. Observez la silhouette du chien d'un côté puis de l'autre. Examinez la forme des fesses par rapport au reste du corps. Terminez en taillant en une belle forme arrondie et bien proportionnée et en égalisant les deux fesses. Travaillez en vous plaçant de côté et non à l'arrière du chien.

La fréquence
Taillez encore ici selon votre préférence.

Bain et séchage

Le chien dégage toujours une odeur, c'est la sienne, elle fait partie de lui. Inutile d'essayer de l'aseptiser comme vous le faites pour les tapis et les meubles de la maison. Je suis souvent réticente à l'idée de donner aux chiens des bains trop fréquents et voici pourquoi. Beaucoup de gens lavent leur chien sans avoir préalablement démêlé, brossé et peigné sa fourrure. Cela a pour résultat que sa fourrure est propre mais qu'elle est bien souvent remplie de nœuds que l'eau a contribué à solidifié davantage. Naturellement, le phénomène s'aggravera à chaque nouveau bain. Par ailleurs, la plupart des gens ne sont pas équipés pour sécher convenablement l'animal et n'ont bien souvent pas la patience d'accomplir cette opération de manière satisfaisante, sans laisser de trace d'humidité. Or, un séchage bâclé est nocif pour la peau et la santé du chien, particulièrement en hiver. À l'inverse cependant, durant la saison estivale l'eau du bain lui permettra de se rafraîchir.

Si vous voulez que les bains lui soient profitables, tenez compte des indications qui suivent et n'oubliez pas d'utiliser des produits de bonne qualité *(voir le chapitre 3)*.

Le bain

Le bain peut être une activité joyeuse pour vous et votre chien. Si celui-ci aime l'eau et ne manifeste pas de peurs particulières, profitez-en pour vous amuser ensemble ; rires, jeux et massages pourront agrémenter ce moment.

La plupart des opérations de toilettage que j'ai décrites dans les pages qui précèdent devraient être accomplies avant de donner son bain à votre chien. Ainsi, son poil devrait être démêlé, brossé et peigné, ses sous-pieds débarrassés des poils superflus, ses griffes coupées et ses oreilles nettoyées, ses organes génitaux dépourvus de poils superflus ou d'excréments, ses yeux nettoyés. Après cela, il peut passer au bain ou, plutôt, à la douche.

1. Installez-vous de manière à avoir tout ce dont vous aurez besoin à portée de la main : tapis antidérapant dans la baignoire, shampoing de bonne qualité, serviettes, peigne à puces et gant de toilettage. Habillez-vous en conséquence. Veillez à ce que le rideau de douche puisse se refermer rapidement pour parer aux éclaboussures. Vous pouvez aussi les éviter en retenant la tête de l'animal lorsqu'il est sur le point de se secouer. Si vous désirez, vous pouvez introduire des tampons d'ouate dans ses oreilles et mettre de la crème protectrice dans ses yeux (après le bain, enlevez le surplus de crème avec un papier-mouchoir). Gardez une provision de tampons près de vous, car le chien pourra les faire tomber en secouant la tête.

2. Faites entrer le chien dans la baignoire. Attachez-le au robinet ou demandez à une personne de vous aider à le tenir.

3. Réglez la température de l'eau : un peu plus chaude que tiède mais pas aussi chaude que pour votre bain à vous.

4. Aspergez doucement son corps en le mouillant graduellement. Si vous n'avez pas de douche-téléphone, utilisez un bol, mais soyez méticuleux lors du rinçage (voir point 7). Comme pour le brossage, relevez le poil couche par couche pour vous assurer que toute sa fourrure est bien mouillée. Cette étape est très importante. N'oubliez pas les parties génitales, les sous-pieds et l'intérieur des pattes. Aspergez ensuite sa tête. Relevez-la et arrosez le dessus du crâne, l'extérieur des oreilles, les deux côtés du visage et le dessous de la gueule. Abaissez sa tête. En protégeant ses yeux d'une main, aspergez-le juste au-dessus des yeux : l'eau coulera sur son museau et ses joues. Relevez une oreille à la fois. Protégez l'entrée du conduit auditif avec vos doigts et arrosez la base de l'oreille et les poils du pourtour. Attention ! L'eau ne doit pas pénétrer dans son nez ou à l'intérieur de ses oreilles. Assurez-vous que tout son poil est bien mouillé avant de passer au savonnage.

5. Savonnez *généreusement* tout le corps de votre chien. Utilisez vos mains ou, encore mieux, enfilez un gant de brossage. Vous n'avez qu'à y faire couler un peu de shampoing, puis à brosser le corps à l'aide du gant. Brossez partout où le gant passe facilement, sauf les parties génitales. Le gant a l'avantage de bien faire pénétrer le savon dans toute l'épaisseur du poil grâce à ses petites dents en caoutchouc et d'économiser ainsi du shampoing. Ensuite, repliez vos doigts

comme des crochets, puis frottez et massez tout le corps savonneux, y compris les parties que le gant ne peut pas atteindre. N'oubliez aucun recoin, relevez le poil partout autour du corps pour vous assurer que chaque poil est convenablement savonné. Lavez avec précaution les parties génitales. Utilisez des gants protecteurs au besoin, mais appliquez-vous à bien les nettoyer sans l'aide d'accessoires.

6. Lavez maintenant la tête avec vos mains. Ici encore, faites preuve d'une grande délicatesse. Commencez par le crâne, les joues et le dessous de la gueule. Nettoyez en profondeur, comme vous l'avez fait pour le corps. Nettoyez bien le museau et les coins des yeux. Vous pouvez utiliser le peigne à puces pour enlever les sécrétions aux yeux (lorsque le poil est savonneux, les sécrétions s'enlèvent plus facilement) et les restes de biscuits dans la moustache. Prenez garde de ne pas mettre de savon dans les yeux de votre chien. Nettoyez l'extérieur des oreilles. Relevez-les une à la fois et, tout en protégeant le conduit auditif avec vos doigts non savonneux, lavez les poils du contour de l'oreille ainsi que la base de l'oreille.

7. Rincez en profondeur, couche par couche. N'oubliez aucun petit recoin et repassez plusieurs fois pour enlever tout le savon. Rincez la tête de la même manière que vous l'avez mouillée, avec méthode et délicatesse (voir le point 4). Passez votre main sur tout le corps de votre chien ; si elle glisse en certains endroits, c'est qu'il reste du savon. Vous devriez faire deux shampoings mais, tant que l'eau de rinçage est sale, vous devez répéter l'étape de savonnage. Le bain est terminé lorsque l'eau qui s'écoule est claire.

8. Appliquez le conditionneur selon les instructions du fabricant.

9. Essorez manuellement tout le corps du chien puis, séchez-le au maximum avec une ou plusieurs serviettes. Cela diminuera le temps de séchage au sèche-cheveux. Soyez particulièrement minutieux en asséchant le visage et les oreilles à la serviette, car certains chiens n'aiment pas qu'on leur assèche la tête avec le sèche-cheveux.

Le séchage

Armez-vous de patience. Vous en aurez besoin autant que de minutie. En période estivale, vous pourrez laisser sécher le pelage de votre chien naturellement, mais n'oubliez pas de le brosser et de le peigner afin d'éliminer tous les nœuds qui auraient échappé à votre attention.

1. Installez votre chien sur une table, comme lorsque vous êtes sur le point de le brosser.
2. Munissez-vous d'un sèche-cheveux, du démêleur, d'une brosse et d'un peigne.
3. Commencez par brosser uniformément son poil, du museau jusqu'au bout de la queue, sauf si ce dernier est très court (labrador, dalmatien, boston terrier, etc.). Si vous avez oublié des nœuds, défaites-les. S'il ne reste pas de nœuds, optez pour une brosse douce Lawrence.
4. Réglez votre séchoir à une température moyennement chaude. *Évitez de toucher la peau ou le poil de l'animal avec l'embout brûlant de l'appareil.*
5. Si votre chien est calme, brossez-le tout en le séchant. Autrement, alternez le séchage et les séances de brossage durant toute l'opération. Concentrez-vous sur le fond du poil. Relevez la fourrure par couches successives comme lors du brossage. Séchez le corps en *entier sans oublier un seul recoin, sauf les organes génitaux qui sécheront naturellement.* Continuez à défaire les nœuds s'il en reste : c'est souvent plus facile de les démêler lorsqu'ils sont humides. Abaissez la température du sèche-cheveux ou éloignez-le de la tête et des oreilles lors du séchage de la tête ; lorsque le fond de la fourrure aura perdu son humidité, le reste du poil séchera rapidement. Repassez partout le sèche-cheveux, glissez vos doigts dans la fourrure et peignez-la soigneusement pour vous assurer que l'humidité est éliminée. On pense souvent – à tort – que le travail est terminé.
6. Achevez votre séchage en peignant intégralement le corps et la tête. Bravo ! Et il y a un petit coquin qui mérite un gros biscuit.

La fréquence

Une fois par mois devrait suffire. Vous pouvez cependant nettoyer certaines parties au besoin : les parties génitales, la jupe si elle est trop longue, les coins des yeux, la moustache et les pieds. Utilisez pour ce faire un shampoing de qualité et séchez toujours soigneusement les parties lavées.

La lecture de ce chapitre vous aura permis de réaliser que votre chien est unique. Il convient donc que vous adaptiez toutes les opérations de toilettage à sa personnalité, tout en tenant compte de son histoire personnelle dont vous faites vous-même partie. Faites preuve de souplesse, montrez-vous ouvert d'esprit et doux en demeurant ferme.

Revoyez la section traitant des attitudes à adopter. Une grande partie de votre réussite réside dans leur application. Les deux prochains chapitres vous apporteront d'ailleurs de nouveaux outils pour vous aider.

5
MIEUX COMPRENDRE SON CHIEN

Si vous êtes désarçonné par les divers comportements de votre chien, si vous éprouvez des difficultés à vous faire obéir (comme lors d'une activité de toilettage à la maison) ou, encore, si vous lui passez tous ses caprices, il est probable que vous ignorez les subtilités de son mode de communication et sa psychologie. Acquérir ces connaissances pourra vous aider à maintenir l'équilibre mental et émotionnel de votre animal et à approfondir votre relation avec lui.

La hiérarchie

Bien que l'espèce canine soit domestiquée depuis 15 000 ans, le chien utilise encore le mode de pensée de son ancêtre le loup. Pour vivre en harmonie avec le chien, l'être humain doit donc reproduire un ensemble de comportements qui ait un sens pour l'animal et qui soit semblable à celui de ses ancêtres. Ce système lui permet d'évoluer sainement, même s'il vit dans une meute – la famille de son maître – dont les membres sont d'une espèce différente de la sienne.

Pour les loups, le système de hiérarchie est le plus efficace, car il peut assurer la sécurité et la viabilité de la meute (chasse, reproduction, relations entre individus, etc.). Ce système a aussi pour effet de diminuer les risques de conflits et de bagarres. Chaque individu adopte un rôle et un comportement en accord avec la place qu'il occupe dans la meute. Chacun est important, y compris ceux qui sont au dernier rang.

Il est nécessaire de reproduire ce système à la maison : tous les êtres humains qui y ont leur place doivent affirmer leur position devant le chien, et cela de façon *claire* et *constante*. Dans cette hiérarchie, votre chien n'est pas l'élément dominant.

Si vous ne tenez pas le rôle du leader, c'est votre chien qui le tiendra en contrôlant la meute. Il ne saurait voir les choses autrement. Pour lui, *la sécurité du groupe doit être assurée par un chef stable.* Et c'est le mode de fonctionnement de tous les chiens, même d'un inoffensif bichon ! Dans votre vie de tous les jours, vous n'acceptez certainement pas d'être continuellement dominé. De là les conflits répétés entre vous et votre chien sur des questions aussi banales que celles de prendre place dans un fauteuil, de circuler librement dans la maison, de manger ou de parler à des invités sans être dérangé, ou encore de le toiletter, lui, sans qu'il cherche à vous en empêcher. Lorsque de tels conflits surviennent, vous exigez soudainement de votre chien qu'il passe du rôle de leader à celui de subalterne. Ces situations sont déstabilisantes pour lui, d'autant que vous intervertissez continuellement les rôles, au gré de votre humeur ou des situations (je ne connais pas de patron qui aimerait être traité ainsi par son employé).

Vous placer en haut de la hiérarchie devrait vous amener à adopter des comportements comme ceux que présente Joël Dehasse dans son livre *L'éducation du chien*.

- le faire dormir à l'extérieur de votre chambre ou loin d'un lieu de passage (s'il est dominant) ;
- prendre vos repas AVANT votre chien et ne jamais lui donner à manger à table ;
- choisir le moment des caresses et des jeux (donc, ne pas le faire sur demande).
- décider de l'horaire des sorties
- lui offrir une récompense (une gâterie, une caresse) seulement lorsqu'il a été obéissant.

Je suggère également de le précéder quand vous empruntez un escalier ou que vous passez une porte. En somme, vous devez vous comporter en loup et en leader de la meute. Et croyez-moi, votre chien sera heureux de vous concéder toutes ces responsabilités relatives à la vie de sa meute et fera preuve de collaboration quand viendra l'heure de ses soins d'hygiène. Il vous reconnaîtra comme son chef et vous obéira avec plaisir et confiance.

Difficile à faire ? Oui, sans doute, car nous choisissons de posséder un chien pour le cajoler. En effet, les gens adorent cajoler et gâter leur chien. C'est souvent un des grands plaisirs qu'ils en retirent. Mais le rôle de chef de meute ne peut inclure autant de cajoleries, ce qui est difficile à accepter de la part de plusieurs propriétaires de chien.

Si vous aimez vraiment votre chien et que vous souhaitez le meilleur pour lui, c'est-à-dire maintenir son équilibre psychologique et émotif, vous devez adopter un comportement qui répond plus adéquatement aux besoins de l'animal et qui a un sens pour lui. Les avantages que vous en tirerez valent grandement les efforts que vous y mettrez.

N'hésitez pas à consulter un éducateur canin qui pourra vous conseiller et vous accompagner dans cette démarche éducative. Soyez rassuré, il vous enseignera aussi quand cajoler votre chien, et cela de façon appropriée. Certaines écoles utilisent des méthodes d'entraînement douces et non violentes (sans collier étrangleur).

Pour en savoir davantage, votre bibliothécaire ou le libraire du coin peuvent vous proposer d'excellents ouvrages sur le sujet. Il y a aussi plusieurs sites sur le réseau Internet.

Les signaux d'apaisement

Votre chien possède son propre langage, il communique de plusieurs façons : par le toucher, par la vue, par l'odorat et par l'ouïe. Une compréhension de ce langage vous permet de réagir convenablement à ses états d'âme et à ce qu'il cherche à vous dire, sans tomber dans l'anthropomorphisme.

Les chiens utilisent des signaux d'apaisement dérivés de gestuelles élaborées au cours de leur enfance, gestuelles qui ont évolué au gré des expériences et du passage à l'âge adulte comme l'explique Patrick Pageat dans son ouvrage *L'homme et le chien.*

Grâce à ces signaux, votre chien peut vous indiquer qu'il est mal à l'aise ou nerveux dans une situation donnée (par exemple, lorsque vous lui donnez des soins d'hygiène). Il vous demande un apaisement, désirant être rassuré sur la situation en cours. Si vous n'êtes pas à l'écoute du message, le comportement de votre chien pourrait dégénérer en conflit ; il devra vous parler « plus fort » parce que vous n'avez pas compris sa première intervention. Mais vous pouvez montrer à votre chien que vous avez compris son message en le rassurant et en lui répondant dans son propre langage.

Ses signaux d'apaisement (*calming signals*) ont été particulièrement étudiés par Turid Rugaas (voir la bibliographie). Voici quelques signaux d'apaisement qui vous seront utiles au cours d'une séance de toilettage.

Observez bien votre chien.

1. Votre chien tourne la tête. Répondez en tournant votre tête de côté quelques secondes.
2. Il grogne ou il jappe. Ici encore, vous pouvez le rassurer en tournant la tête ou en tournant votre regard de son côté quelques secondes. Évidemment, votre chien doit remarquer votre geste.
3. Il se lèche le nez. Rugaas ne voit pas d'équivalent humain dans ce geste très courant mais vous pouvez essayer de le rassurer en léchant vos lèvres.
4. Il adopte une posture invitant au jeu. Répondez-lui en étirant vos bras vers le sol.
5. Il baille. Peut-être est-il vraiment fatigué… Si vous en doutez, répondez à son signal d'apaisement en baillant à votre tour.

Au cours d'une visite au parc canin, observez le comportement des chiens entre eux. Vous remarquerez certainement ces signaux d'apaisement. Ils permettent d'éviter de nombreux conflits. Les chiens sont des êtres pacifiques qui ont beaucoup à nous apprendre…

La psychologie canine est un univers passionnant. Comme ce chapitre n'en présente qu'un mince aperçu, je conseille vivement à tous les propriétaires de chien d'approfondir leurs connaissances sur ce sujet. La relation qu'ils entretiennent avec leur animal, la perception qu'ils ont de lui et même celle qu'ils ont d'eux-mêmes se modifiera.

6
LES MÉDECINES DOUCES :
DE PRÉCIEUSES RESSOURCES

L'intérêt pour les médecines alternatives se développe chaque jour davantage mais, sans doute par ignorance, on oublie trop souvent d'en faire profiter nos amis les chiens. Pourtant, les médecines holistiques permettent d'aider à soulager nombre de problèmes affectant leur bien-être : nervosité, peurs diverses, arthrite, allergies, problèmes digestifs ou moteurs, troubles de comportement, etc. Et puis elles peuvent être utilisées de concert avec la médecine vétérinaire traditionnelle. Ces approches respectueuses sont particulièrement indiquées pour des chiens ayant un passé lourd (abus, mauvais traitements, abandon, etc.).

Voici quelques techniques spécialement choisies pour vous faciliter les opérations de toilettage à la maison. Si vous décidez de recourir à un praticien en médecine holistique, choisissez un professionnel qui a également reçu une formation de travail auprès des animaux de compagnie. Vous trouverez des références sur ces différentes médecines douces à la fin du présent ouvrage.

Le Toucher Tellington

Le Toucher Tellington, communément appelé TTouch et reconnu mondialement, peut accomplir de petits miracles ! Pour ma part, je fus tellement emballée par le cours d'initiation, que je décidai de m'inscrire au programme complet de formation. Le TTouch peut soulager le stress, les peurs diverses, le manque de confiance, les aboiements excessifs, l'hyperactivité, l'agressivité, les irritations cutanées, les problèmes circulatoires, le mal des transports (nervosité, vomissements), les blessures, l'arthrite, les allergies, etc.

Le TTouch est constitué de positionnements des mains en une variété de mouvements qui permettent de détecter les tensions physiques et de les relâcher ; de procurer un bien-être à l'animal et d'entrer en relation avec lui par une approche nouvelle. Le TTouch est facile à apprendre.

En ajoutant à ma pratique du toilettage le Toucher Tellington, j'ai eu la chance de voir des chiens se métamorphoser sous mes yeux : un samoyède très nerveux qui sautait et remuait sans arrêt sur la table de toilettage est devenu parfaitement calme après seulement cinq minutes de TTouchers ! Un petit shih-tzu femelle qui ne tolérait pas le rasage de ses pattes m'a laissé tondre ses quatre pattes sans broncher et surtout, sans muselière. Dans ce dernier cas, j'ai eu à répéter les TTouchers à plusieurs reprises durant la session de toilettage mais ce fut un investissement de temps qui en a valu la peine !

Le Léopard des Neiges, suivi de La Marche de Noé

Le Léopard des Neiges est une position de base qui peut aider un chien nerveux, stressé, agressif ou qui manque d'assurance. Elle est recommandée au début de la séance de toilettage pour lui procurer bien-être et réconfort et peut être répétée ensuite au cours des diverses étapes.

Placez l'une de vos mains en position légèrement recourbée et les doigts rassemblés sur le corps du chien. Le pouce doit être légèrement écarté des doigts ; il demeure stable et toujours en contact avec le corps. L'autre main prend contact ailleurs et stabilise gentiment l'animal.

Pour exécuter le Léopard des Neiges, qui est un TToucher circulaire, imaginez qu'un cadran d'horloge est placé sur le côté du corps de votre animal. Ce cadran aurait le chiffre 6 en bas. Avec la main recourbée, appuyez les premières phalanges de vos quatre doigts sur le 6 de l'horloge. La pression des doigts doit être constante, légère : juste assez pour bouger la peau (il ne s'agit pas d'un massage). Faites un lent mouvement circulaire d'un tour et quart : montez vers 9 h, et après 12 h descendez circulairement vers 3 h, puis 6 h et finissez à 8 h. En suivant les chiffres de l'horloge imaginaire, vous vous assurez de faire vos TTouchers bien ronds. Changez votre main de place en répétant ce TToucher circulaire et parcourez tout le corps durant 5 à 10 minutes. Soyez calme et concentré. Gardez une respiration lente. Tout votre corps doit être détendu, poignets et mains inclus !

Surveillez les réactions du chien : en cas d'inconfort ou s'il veut s'éloigner, faites une pause, puis essayez les TTouchers avec un jouet en peluche, une serviette chaude ou un simple gant de laine.

Terminez la séance par La Marche de Noé. Passez doucement votre main ouverte sur toute la surface du corps du chien, dans le sens du poil. De cette façon, les différents points stimulés par le Léopard des Neiges seront connectés les uns aux autres.

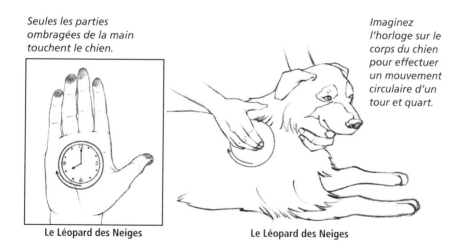

Seules les parties ombragées de la main touchent le chien.

Imaginez l'horloge sur le corps du chien pour effectuer un mouvement circulaire d'un tour et quart.

Le Léopard des Neiges

Le Léopard des Neiges

La Marche de Noé

Le TToucher pour les oreilles, suivi par Le Raton Laveur

Pratiquez également le TToucher pour les oreilles, il est excellent pour contribuer à la santé générale de votre animal et à le calmer avant une séance de toilettage. Cette technique peut également prévenir un état de choc ou peut aider à en sortir; appliquez-la de façon soutenue avec plus de rapidité, jusqu'à votre arrivée chez le vétérinaire.

Tenez-vous parallèlement à votre chien derrière sa tête. Soutenez sa tête d'une main. Avec l'autre main, servez-vous de l'index et du pouce pour tenir le pavillon de l'oreille et effectuez un lent mouvement de glissade de la base à la pointe de l'oreille. Agissez avec délicatesse ! Répétez ce mouvement en déplaçant légèrement vos doigts, de façon à couvrir toute la surface de l'oreille. Tracez également de petits cercles avec vos doigts, de la base à la pointe, sur toute la largeur de l'oreille. Lorsque toute l'oreille aura été couverte de petits cercles, reliez ceux-ci, les uns aux autres par des glissades, de la base de l'oreille à la pointe.

Vous pouvez également utiliser Le Raton Laveur sur le crâne en faisant le tour de la base de l'oreille. Utilisez le bout de l'un ou de plusieurs de vos doigts (avec des ongles courts) recourbés pour effectuer de petits « cercles et quart » dans le sens des aiguilles d'une montre. Le toucher doit être léger; vous ne faites que bouger la peau tout autour de l'oreille.

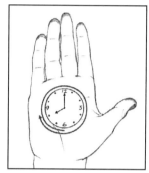

Seules les parties ombragées de la main touchent le chien.

TToucher pour les oreilles

Le Raton Laveur

L'homéopathie

Les animaux qui sont mes compagnons de vie bénéficient depuis de nombreuses années des services du Dr Paul Guindon, un médecin vétérinaire homéopathe. Je pourrais faire longuement les éloges de l'homéopathie mais je laisserai plutôt au Dr Guindon le soin de nous conseiller sur cette pratique qui peut aider à guérir des problèmes associés au vieillissement, des problèmes de peau, digestifs ou moteurs, des allergies de toutes sortes, etc. :

« L'homéopathie est une médecine pratiquée depuis 200 ans. On l'appelle aussi la ″médecine des semblables ″. Prenons un exemple. L'herbe à puces *(Rhus toxi-codendron),* lorsqu'elle est mise en contact avec une peau saine, crée une réaction inflammatoire et une démangeaison locale intense. En homéopathie, cette plante est hautement diluée puis utilisée pour permettre la guérison des lésions irritantes de peau semblables à celles causées par l'herbe à puces. C'est donc une plante irritante qui, hautement diluée, est utilisée pour traiter des irritations.

« Au cours des opérations de toilettage, les différentes manipulations auxquelles sont soumis les animaux et les bruits nouveaux qu'ils entendent peuvent être des éléments de stress pour des chiens timides, peureux ou qui tolèrent mal d'être touchés. Il y a différents types de réaction à la peur. Par exemple, certains individus vont figer sur place alors que d'autres vont se rebiffer. À l'inverse, il existe des dominants qui refusent toute dépendance et des individus carrément agressifs et rebelles à toute approche. En homéopathie, plusieurs produits à haute dilution ont aussi un effet bénéfique sur le psychisme de ces animaux.

« Lorsqu'il s'agit de traiter un problème de comportement, le produit homéopathique idéal est plus difficile à trouver que celui qui servira à soigner une simple irritation de la peau. Il faut pour cela, une bonne dose d'observation du comportement de l'animal et une grande connaissance des produits homéopathiques, ce qui n'est pas à la portée de tous. Le but n'est pas que de tranquilliser l'animal le temps d'un toilettage, mais aussi de le rendre moins sensible au stress environnant, ce qui exige l'aide d'un vétérinaire expérimenté en homéopathie animale.

« Heureusement, des compagnies pharmaceutiques ont mis en marché des complexes homéopathiques qui ont une action plus étendue sur le comportement que les produits simples. Ils sont moins précis qu'une prescription homéopathique spécifique mais ils sont parfois efficaces. Il ne s'agit pas de tranquillisants temporaires. Il faut les utiliser à l'avance durant plusieurs semaines, matin et soir, pour obtenir un certain résultat. Voici quelques exemples de ces complexes.

Offerts en pharmacie
Dr Reckeweg : R 36 contre l'insécurité et pour calmer
       R 37 contre l'intolérance

Boiron :   Nervita contre l'agitation et la nervosité
      Homéogène 46 contre l'intolérance et l'agitation

Offerts à la Clinique Vétérinaire Salaberry, à Montréal
Vetnat :   Sexnat contre l'intolérance et l'agressivité
      Insécurinat contre l'insécurité et la peur des bruits »

Le massage

Si vous avez déjà reçu un massage thérapeutique, vous savez à quel point cela peut être agréable. Tous les animaux apprécient les massages. J'ai vu ma chienne monter au septième ciel lorsqu'elle en a reçu un de Chantale Robinson. D'ailleurs, lorsqu'elle rencontre cette praticienne en massages pour animaux, elle n'a d'yeux que pour elle.

Le massage permet de connaître un animal plus intimement, tant physiquement que sur le plan émotionnel. À l'aide de touchers structurés, il apporte calme, confort, relaxation et favorise une bonne santé. Fait correctement, le massage thérapeutique peut entre autres diminuer les douleurs associées à l'arthrite, à la dysplasie ou à certains des problèmes à la colonne vertébrale. Il peut aussi stimuler la circulation sanguine et lymphatique. Il peut être bénéfique aux chiens hyperactifs, particulièrement à ceux qui ont subi des traumatismes ou des abus.

Selon Robinson, le fait de commencer la séance de toilettage par un massage contribue à calmer le chien en relaxant son système nerveux. Cette technique accroît votre confiance mutuelle et sa tolérance à être touché sur tout le corps. De cette manière, le massage fait partie intégrante des séances de toilettage, et représente une expérience agréable pour chacun de vous.

Quelques techniques de massage

Avant de procéder au massage, tenez compte des conseils suivants.

1. Choisissez un endroit confortable.
2. Massez l'animal lentement afin de favoriser l'effet calmant recherché.
3. En tout temps, conservez vos deux mains en contact avec le corps de l'animal. Vos mains doivent travailler de concert ou en alternance.
4. La pression exercée par les mains sur le corps devrait être réduite à l'extrême. Seul un contact suffit.

L'effleurage

Utilisez cette technique au début de la séance de toilettage, entre les opérations et pour terminer la séance. Elle calme, aide à éliminer les toxines du corps et à activer la circulation sanguine.

Placez vos deux mains sur le chien, les doigts rassemblés. Vous masserez soit avec vos deux mains ensemble ou en alternance. En partant de la tête, dirigez vos mains vers la queue, en respectant le sens de la circulation sanguine. Simulez une caresse longue et délibérée. Conservez toujours une de vos mains sur le corps jusqu'à ce que la deuxième prenne la relève, refaisant le mouvement de la tête en allant vers la queue. La lenteur du mouvement (trois à quatre secondes par caresse) favorisera le confort et la relaxation recherchée.

Le massage des oreilles

Lentement et très délicatement, tirez une oreille à la fois, de la base à la pointe. Tenez l'oreille dans l'étirement durant deux à trois secondes, relâchez, puis répétez.

Massez la pointe des oreilles, puis toute leur surface. Utilisez le bout de vos doigts dans un mouvement circulaire. Ce massage procure calme et relaxation à l'animal.

Le fulling

En utilisant le pouce, l'index et le majeur, prenez une touffe de poil entre vos doigts. Étirez gentiment le poil et laissez-le doucement glisser le long de vos doigts, un peu comme si vous vouliez gonfler la fourrure. Répétez sur tout le corps en comptant une ou deux secondes par glissement.

On peut utiliser cette technique en alternance avec l'effleurage ou pour achever l'étape du séchage du poil si vous donnez un bain.

Palper, rouler

En utilisant vos deux mains, relevez délicatement la peau entre vos pouces et vos doigts. Maintenez la peau qui prend ainsi une forme convexe. Faites marcher vos doigts sur le corps, dans n'importe quelle direction. Au cours de ce mouvement, vos doigts poussent la peau vers les pouces sans la pincer. Cela ressemble à une vague qui avance sur le corps de l'animal.

Cette technique peut faire suite à l'effleurage ou être utilisée juste avant le bain. Elle favorise l'obtention d'une belle fourrure, active la circulation sanguine de la peau, transporte les nutriments vers les tissus dermiques et stimule les sécrétions glandulaires.

Le Reiki

Beaucoup d'entre vous ont déjà entendu parler du Reiki. Saviez-vous qu'il peut être pratiqué sur nos compagnons à quatre pattes ? Marc Bokhari, maître de Reiki, praticien auprès des animaux de compagnie, nous parle de cette méthode qui a traversé le temps et les époques :

« Le terme Reiki n'est qu'une façon d'appeler cette énergie universelle qui est aussi vieille que l'univers lui-même. C'est un mot japonais qui signifie " force de vie universelle ", cette force qui peut se transmettre tout aussi bien à un animal ou à une fleur qu'à un humain. Nous sommes tous réceptifs à cette énergie présente partout dans l'univers. Une des façons de transmettre le Reiki est par des touchers thérapeutiques non agressifs.

« Les animaux sont plus ouverts que nous au Reiki, car ils n'ont pas les mêmes barrières psychologiques. Les chiens qui ne répondent pas très bien à des traitements allopathiques trouveront dans le Reiki de quoi augmenter l'efficacité d'autres techniques, tout en accélérant le processus de guérison. Le Reiki agit non seulement sur le physique de l'animal, mais aussi sur son psychisme. Après s'être vu imposer les mains, le sujet s'abandonnera rapidement et souvent sommeillera pendant que l'énergie fait son travail.

« Un praticien en Reiki devrait suivre certaines règles pour maximiser les effets de sa technique. Par exemple, au cours des premières séances, le chien devrait recevoir trois traitements consécutifs dans une période très courte, préférablement chaque jour ou aux deux jours. Il est possible que certains de ses symptômes s'amplifient avant de guérir et de disparaître. Il n'y a aucun effet secondaire aux traitements de Reiki.

« Votre chien pourra se montrer nerveux pendant une séance de toilettage professionnel ou si vous le toilettez vous-même à la maison, parfois à cause de mauvaises expériences qu'il craint de revivre. Il arrive aussi que des peurs installées depuis longtemps soient difficiles à atténuer. Il peut être délicat de le manipuler. Le Reiki peut grandement aider un chien ayant ce type d'indispositions. Simplement en plaçant les mains sur le corps d'un animal avant et durant le toilettage, celui-ci va ressentir une sensation de bien-être. Il sera rassuré, sachant qu'on ne lui souhaite pas de mal et qu'il est entre les mains de gens qui l'aiment. Une certaine énergie circulera entre vous et votre chien, mais si vous avez reçu une initiation au Reiki d'un praticien, votre toucher sera beaucoup plus efficace.

L'acupression

L'acupression, tout comme l'acupuncture, s'inspire de la médecine traditionnelle chinoise. Elle est utilisée depuis plus de 1000 ans. C'est une médecine douce sécuritaire, sans médicament et très efficace. Toutes les personnes que la santé et le bien-être de leurs animaux préoccupent peuvent apprendre l'acupression. Selon Amy Snow, qui enseigne cette médecine dans le monde entier, l'acupression et la médecine vétérinaire traditionnelle peuvent être combinées pour optimiser le traitement d'un animal. Des études cliniques ont démontré que l'acupression peut entre autres réduire la douleur, diminuer l'anxiété et les réactions de peur, aider à guérir plus rapidement des blessures, améliorer la concentration à l'apprentissage, aider à construire un système immunitaire efficace, etc.

Cette technique enseigne que le corps doit harmoniser son énergie afin de fonctionner adéquatement. L'énergie vitale, appelée Chi, parcourt des trajets invisibles du corps. En certains points particuliers de ces parcours, il est possible d'influencer le flot d'énergie afin de maintenir le corps en santé. Lorsqu'un déséquilibre se produit – un blocage ou une stagnation du Chi –, cela peut se manifester de différentes façons, mais il doit être traité, à défaut de quoi il peut dégénérer en maladie chronique. Par exemple, un chien présentant une peau sèche pourrait souffrir d'un déséquilibre énergétique qui se soigne assez facilement. Si aucun traitement n'est entrepris, le chien pourrait présenter des troubles du système immunitaire, ce qui est plus difficile et long à traiter.

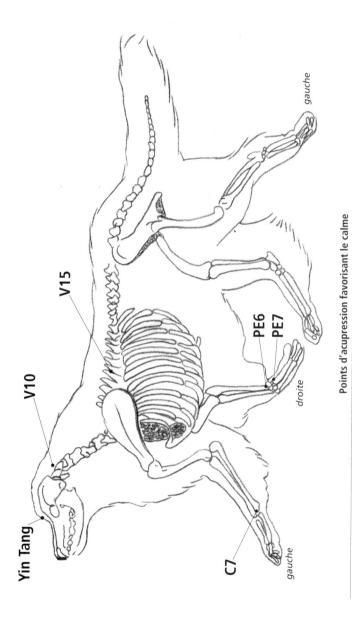

V10

V15

Yin Tang

PE6
PE7

C7

gauche

droite

gauche

Points d'acupression favorisant le calme

Points	Usage	Points	Usage
V10	Réduit le stress et améliore la concentration	PE6	Très efficace pour calmer l'esprit
V15	Calme l'esprit, réduit l'anxiété et stimule l'apprentissage	PE7	Réduit l'anxiété intense et repose l'esprit agité / Effet sédatif naturel
C7	Calme l'esprit	Yin Tang	Réduit l'anxiété

Vous pouvez aider votre chien à être plus à l'aise et plus calme durant les séances de toilettage. L'illustration de la page précédente vous permet de repérer des points utilisés en acupression pour aider à calmer un chien.

1. Choisissez un point sur le tableau et repérez-le ensuite sur votre chien.
2. Appuyez doucement votre pouce sur ce point en utilisant le bout du doigt mais en vous assurant que votre ongle n'entre pas en contact avec la peau.
3. Votre pouce doit former un angle de 90 degrés avec le point d'acupression.
4. Tenez votre pouce en place, sans appuyer, durant au moins une minute.
5. Répétez sur d'autres points en vous servant de l'illustration.

Les fleurs du Dr Bach

Cette technique a été établie dans les années 1930 par le Dr Edward Bach, un médecin britannique. Les 38 remèdes qui la composent sont en fait des extraits de fleurs, de plantes et d'arbres. Selon Stanway et Grossman, auteurs du *Livre des médecines naturelles*: « Les remèdes floraux de Bach facilitent la guérison en influant sur les états d'esprit négatifs ou sur certains aspects de la personnalité et en stimulant les aspects positifs [...] En traitant la dépression, l'inquiétude, etc., ils restaurent l'harmonie mentale et physique et font ainsi disparaître les troubles physiques, dans la majorité des cas du moins[2]. »

Parmi les remèdes composés, vous pouvez expérimenter le « Rescue Remedy » avec votre chien (et vous-même !) lorsqu'il est très nerveux au cours du toilettage. Ce remède vise à rassurer et à calmer son utilisateur. Il suffit de déposer quatre gouttes dans la gueule de l'animal quelques minutes avant la séance. Vous pouvez aussi faire une application sur ses lèvres afin qu'il lèche la préparation ou encore la lui faire respirer en appliquant les gouttes sur sa tête (méthode moins efficace). Profitez-en pour en déposer quatre gouttes sous votre langue ! Répétez au besoin.

---

2. Stanway, Andrew et Richard Grossman. « Les remèdes de Bach : guérir par les fleurs » dans *Le livre des médecines naturelles,* Paris, Éditions Robert Laffont, 1988, p.182.

Lorsque vous utilisez le produit, assurez-vous que l'applicateur ne touche ni à votre peau ni au poil ou à la langue afin de ne pas contaminer le médicament. Ce remède calmera votre chien durant son toilettage. Soit dit en passant, mon dentiste-homéopathe m'en donne à chaque traitement sans doute de peur que je le morde !

7
DU CÔTÉ DES SALONS
DE TOILETTAGE

On a tendance à penser que le métier de toiletteur professionnel est très amusant puisqu'il permet de travailler avec les animaux. Mais la réalité est tout autre, les dépenses d'énergie physique et mentale qu'il requiert étant énormes. En fait, plusieurs des personnes qui étudient dans ce domaine n'y travailleront jamais et bon nombre de nouveaux toiletteurs cesseront d'exercer le métier après seulement quelques années de pratique. Le roulement du personnel dans les salons est d'ailleurs étourdissant. C'est tout dire !

Les gens qui m'accompagnent dans les étapes du toilettage de leur chien sont étonnés de la somme de travail que je dois accomplir. Ils sortent du salon exténués… alors qu'il me reste encore plusieurs toilettages à effectuer. Ils me disent : « Il faut vraiment aimer les animaux pour faire ce métier-là ! » Oui, madame !

Une journée de travail comporte généralement, pour chaque toiletteur, quatre à cinq toilettages (s'il s'agit de petits chiens). Le toilettage d'un petit chien, incluant une tonte au rasoir, dure environ une heure et demie. Une coupe aux ciseaux requiert plus de temps : jusqu'à deux heures et demie et même trois heures pour un grand chien, si son poil est emmêlé.

La procédure de travail dans les salons varie selon les méthodes de prise de rendez-vous. Il y a deux méthodes : soit les rendez-vous sont fixés pour que tous les clients arrivent au même moment ou en deux vagues, soit ils sont fixés pour que les clients arrivent les uns après les autres.

La première méthode (par vagues) vise une planification de la journée qui évite les pertes de temps pour les toiletteurs. Les chiens doivent attendre leur tour. L'ordre de passage est évalué selon le travail requis ou l'heure de sortie (parfois fixée par le propriétaire) ou encore selon la docilité de l'animal. Dans les salons qui préconisent cette procédure, on trouve souvent des toiletteurs spécialisés pour une tâche en particulier ; les chiens passent d'une personne à l'autre selon le travail à accomplir.

La deuxième procédure mise plutôt sur la ponctualité des clients, mais permet une attention exclusive ; chaque animal est pris en charge dès son arrivée par un employé qui effectuera lui-même toutes les étapes du toilettage. L'animal passera donc peu de temps en cage. Évidemment, le retard d'un client ou le prolongement d'une séance en raison, par exemple, d'un démêlage plus long que prévu, peut bousculer l'horaire de toute une journée de travail.

L'atmosphère du salon, calme ou active, a beaucoup à voir avec les méthodes qu'on y préconise, l'horaire de travail et la personnalité des toiletteurs. Selon le tempérament d'un animal et sa capacité d'adaptation, celui-ci sera détendu ou stressé avant même qu'il ne soit sur la table de travail. Il semble toutefois que l'amour que vouent certains chiens à leur toiletteur ait priorité sur tout le reste !

Généralement, même si un chien n'a pas l'habitude de demeurer en cage, il ne souffrira pas s'il doit y passer quelque temps. Certains y dorment, d'autres regardent ce qui se passe autour d'eux. Ils y sont d'ailleurs en sécurité : aucun danger de bagarre, aucune possibilité de fuite, aucun risque de contamination ne les menace. Les rares chiens récalcitrants seront calmés et attachés par terre à l'aide d'une laisse.

Les toiletteurs ne tolèrent généralement pas la présence des propriétaires, de crainte de ne pouvoir capter l'attention exclusive du chien. Il est vrai que le travail s'effectue plus facilement et avec un minimum de stress lorsque le toiletteur est seul avec l'animal qu'il a pris en charge.

Les étapes de travail sont celles que j'ai décrites dans ce livre. Plusieurs interventions, en plus de la tonte au rasoir, sont effectuées deux fois, soit avant et après le bain. La taille aux ciseaux (corps et tête) est accomplie en fin de parcours. On ajoute ensuite, au goût du propriétaire, le parfum, les boucles ou le foulard, et le chien est prêt à recevoir des félicitations sur son nouveau look !

Comment choisir un salon pour son chien

Un salon de toilettage ne devrait jamais être choisi à la légère. Le chien est un être d'émotions : tout ce qui se passe autour de lui a une influence sur sa psychologie et sur son bien-être. Il mérite qu'on le respecte.

Choisissez un salon où votre animal se sentira bien : visitez-en quelques-uns, demandez à voir les pièces où on lui donnera des soins, observez et analysez ce que vous inspirent les lieux et le personnel. Fiez-vous à votre intuition. Voici quelques éléments qui pourront vous aider dans votre réflexion.

Le tempérament de votre chien
C'est le premier facteur qui devrait guider votre choix. En discutant avec le toiletteur professionnel, informez-vous sur les approches qu'il utiliserait avec un chien comme le vôtre et si ces procédures de travail et sa philosophie étaient susceptibles de lui convenir. Le toiletteur doit s'adapter au tempérament de votre chien et non l'inverse.

La propreté du salon
Choisissez un salon où règne un maximum d'ordre et de propreté (tables de travail, plancher, baignoire, serviettes, outils, etc.). En pleine journée de travail, il est normal que tout ne soit pas parfaitement rangé. Mais l'ensemble devrait donner une impression de propreté et d'organisation.

Le prix des soins

Plusieurs salons offrent des tarifs avantageux pour diverses raisons, entre autres, parce que certains clients ont pris l'habitude de marchander les services. Plusieurs clients comparent les coûts d'un toilettage et d'une coupe de cheveux. Pourtant, aucune comparaison n'est possible. Quand donc une coupe de cheveux dure-t-elle une heure et demie ? Le coiffeur s'occupe-t-il aussi des ongles, des oreilles ou des organes génitaux de son client ? Doit-il démêler des cheveux qui n'ont pas été brossés (ou entretenus) au cours des deux derniers mois ? Doit-il tranquilliser, consoler ou rassurer son client ? Risque-t-il de lui crever un œil à cause de brusques mouvements de tête ?

Croyez-moi, les prix exigés par les salons ne sont pas exagérés, compte tenu de la somme de travail accompli lors d'un toilettage professionnel !

La tarification ne devrait pas être un facteur déterminant dans votre choix d'un salon. N'oubliez pas que si les toiletteurs se voient forcés d'effectuer de plus en plus de toilettages par jour pour compenser leurs pertes monétaires, cela les incitera à travailler plus rapidement, et c'est peut-être votre chien qui en souffrira. Assurez-vous que votre chien reçoit une qualité de service et une attention convenant à ses besoins physiques et émotifs, même si vous devez payer un peu plus cher que ce que vous escomptiez.

Le toiletteur a-t-il beaucoup d'expérience ?

Bien entendu, le toiletteur devrait avoir reçu une formation scolaire ou avoir fait un apprentissage auprès de professionnels dans un salon de toilettage. Mais, plutôt que l'expérience en terme d'années de travail, recherchez la patience et la connaissance du comportement canin. Ces deux éléments sont indispensables pour s'adapter aux divers tempéraments des chiens.

Le personnel est-il à l'écoute ?

Le toilettage doit être un travail de collaboration entre le propriétaire et le toiletteur. Optez pour un salon où l'on vous accorde du temps, où l'on est disposé à vous écouter et à vous expliquer ce que comportent vos choix et les conséquences qu'elles auront sur votre chien (par exemple, trop de démêlage implique de la douleur). N'hésitez pas à préférer un salon où l'on vous refusera une tâche parce que le toiletteur la juge trop exigeante pour votre chien. Un toiletteur consciencieux vous montrera par exemple comment tailler les griffes ou procéder au brossage de votre animal pour vous aider dans vos soins à domicile.

Les toiletteurs

Le service de toilettage professionnel n'est pas que de la simple coquetterie. Il s'agit d'un service d'hygiène qui favorise la propreté et la santé de l'animal. Il est en effet fréquent qu'un toiletteur soupçonne des problèmes de santé lors du toilettage et en avertisse le client, car son travail méticuleux l'amène à scruter le corps de l'animal centimètre par centimètre. Voilà un bien précieux allié !

Afin que le toiletteur soit dans les meilleures dispositions pour travailler avec votre chien, observez les quelques règles suivantes.

1. Prenez toujours rendez-vous quelques jours à l'avance pour ne pas surcharger son horaire. Votre animal pourra se prévaloir d'un meilleur service si son « coiffeur » est frais et dispos !
2. Respectez scrupuleusement les rendez-vous qu'on vous fixe. Si vous arrivez en retard, le toiletteur aura perdu de précieuses minutes et, selon son horaire du jour, devra peut-être travailler plus rapidement qu'il ne le voudrait. Si vous êtes là trop tôt pour reprendre votre chien, le travail de finition pourrait s'avérer difficile ou même dangereux en raison de la nervosité de l'animal.
3. Brossez votre chien (bis et re bis !)… jusqu'au jour du prochain rendez-vous !

Soins des griffes ou de la fourrure?

Il n'est pas nécessaire de demander un toilettage complet pour s'adresser au toiletteur. Même si les soins ne devaient exiger que quelques minutes, un professionnel sera toujours ravi d'aider un propriétaire soucieux du bien-être de son chien. Prenez rendez-vous en précisant vos besoins:

- taille des griffes
- coupe des poils aux sous-pieds
- nettoyage des oreilles
- nettoyage des organes génitaux et/ou vidange des glandes anales
- coupe des poils aux coins des yeux, agrémentée d'une coupe de la frange
- brossage et démêlage sans bain
- démêlage ou rasage de quelques nœuds
- faire une belle tête à votre ami

Ces services permettront à votre chien de se sentir à l'aise jusqu'à sa prochaine visite ou encore compléteront vos soins à la maison.

Toilettage professionnel

Ici, on parle d'un «laver-brosser». Il devrait comprendre: un démêlage complet de la fourrure, un entretien des pieds (sous-pieds et griffes) et des organes génitaux, un nettoyage des oreilles, un bain incluant le séchage (sans laisser d'humidité) avec étirement des poils permettant d'obtenir une belle fourrure gonflée ou défrisée (selon le cas), un travail aux ciseaux pour restructurer la forme des pieds, de la jupe, de la queue, des oreilles et de la tête. Ces soins conviennent à tous les chiens, peu importe leur âge ou leur race.

Les chiots (de deux à six mois) ne devraient recevoir que ce type de soins. Il s'agit d'une initiation au monde du toilettage professionnel qui exige de leur part beaucoup d'énergie physique et mentale. Attendez que votre chiot atteigne ses six mois avant de commencer les tontes; certains chiots ont besoin de quelques mois de plus pour bien comprendre les besoins du toiletteur. Demandez l'avis de son «coiffeur» avant d'entreprendre un travail trop exigeant pour lui.

Tonte professionnelle

Théoriquement, les chiens de toutes les races peuvent être tondus. Mais plusieurs races seront à leur meilleur avec toute leur toison (par exemple, le golden retriever, le bouvier bernois, le loulou de Poméranie, le labrador). Ce service comprend tous les éléments décrits dans ce livre, en plus du travail au rasoir pour une coupe courte ou aux ciseaux, pour un aspect plus naturel et/ou plus long. Si vous tenez mordicus à une coupe aux ciseaux, votre aide est indispensable entre les rendez-vous : brossez régulièrement votre animal !

Les tontes conviennent à tous les chiens de plus de six mois ; les coupes aux ciseaux sont à déconseiller aux chiens allergiques au démêlage, aux chiens âgés ou ayant des problèmes physiques (dos, hanches, pattes) ou encore aux chiens trop agités.

La fréquence

Une des questions qui revient le plus souvent est celle-ci : « À quelle fréquence devrais-je faire toiletter mon chien ? » Le chien qui nécessite une tonte spécialisée (schnauzer, wheaton, cocker, etc.) devrait visiter le toiletteur professionnel toutes les six à huit semaines pour que son apparence soit toujours à son meilleur. Si vous êtes exigeant en matière de propreté, peu importe la race de votre chien ou ses besoins en tonte, vous pouvez l'amener au salon tous les mois. Mais vous pourrez espacer ces rendez-vous si vous le brossez consciencieusement. Entre deux rendez-vous, passez simplement au salon, par exemple, pour rafraîchir sa frange ou couper ses griffes, dans le cas où vous ne pouvez pas le faire vous-même.

Dans le cas des races ne nécessitant aucune tonte (bouvier bernois, husky, golden retriever, etc.), la fréquence des visites au salon ne dépend que de vous : si vous n'aimez pas l'odeur corporelle de votre chien, amenez-le souvent, sinon, brossez-le régulièrement et offrez-lui un toilettage professionnel quelques fois par année. Si vous le lavez vous-même sans que ce ne soit une corvée pour vous, vous n'avez pas réellement besoin du salon de toilettage, bien qu'un « laver-brosser » en règle fait par un professionnel puisse vous encourager à poursuivre vos soins à domicile.

Les gens sont toujours étonnés d'apprendre que j'ai des boxers et des boston terriers dans ma clientèle. Ils ne voient pas l'utilité de laver un chien au poil si ras. Pourtant, comme les autres races, les chiens à poil ras se couchent sur le plancher et se roulent sur le gazon. Leur fourrure emmagasine comme celle des autres chiens la pollution aérienne. Ils vivent aussi dans la maison avec nous, ils ont donc intérêt à être propres.

Je me souviens d'un homme âgé qui, de temps à autre, m'amenait son vieux chien pour le brosser. À les voir tous les deux, on comprenait rapidement qu'ils étaient très attachés l'un à l'autre. Un jour, je lui proposai de laver son chien. Il refusa, prétextant que ça ne valait pas la peine parce que « ce n'était qu'un vieux chien ». J'insistai pourtant et il finit par accepter un « laver-brosser ».

Au retour du maître, je laissai le grand chien noir le rejoindre doucement. L'homme s'immobilisa, stupéfait de voir son chien si beau ! De sa main tremblante, il toucha délicatement sa fourrure gonflée, comme s'il craignait de briser quelque chose. J'eus la récompense pour mon travail lorsqu'il releva ses yeux vers moi et que je pus lire dans son regard un mélange de joie, de fierté et d'amour pour ce précieux compagnon. Nous n'avons échangé que de rares paroles, mais ses mains et ses yeux avaient tout dit…

« Que tu es mignon ! »
N'oubliez jamais de dire à votre chien que vous le trouvez beau après un toilettage professionnel. Même s'il s'est montré très sage pendant le travail, cela lui a demandé des efforts qui méritent des éloges. Ne riez surtout pas de lui et ne manifestez pas de colère à son égard après avoir constaté une erreur du toiletteur (je ne blague pas !). Il comprendra votre attitude et en sera chagriné, alors qu'il n'est pas responsable de la situation. Peut-être se cachera-t-il pendant quelques jours, le temps que votre colère passe. Beau ou laid, il a accompli les mêmes efforts et mérite d'être récompensé.

Mise en garde

Vous l'aurez compris, les chiens sont des êtres d'émotions. Vous devez tenir compte de la situation familiale ou de la santé physique ou émotive de votre chien avant de prendre un rendez-vous avec un toiletteur professionnel. Suivez ces conseils, qui me sont dictés par plusieurs années d'observation.

S'il est survenu récemment dans la famille un événement (mortalité, maladie, perte d'emploi, changement d'horaire dans le quotidien, déménagement, départ d'un enfant, hospitalisation) qui aurait perturbé les gens qui vivent avec l'animal ou encore lui-même, attendez au moins deux semaines avant de fixer un rendez-vous.

Si l'animal a été hospitalisé, si on lui prescrit des antibiotiques ou tout autre médicament temporaire, s'il a été malade à la maison ou même s'il a fait une fugue, comptez deux semaines avant de l'amener chez un toiletteur professionnel.

Si votre chien est aux prises avec des émotions tristes, s'il souffre d'insécurité ou d'une légère dépression, il n'aura certainement pas envie de perdre son énergie dans une activité de toilettage. Il sera d'ailleurs moins réceptif et son « coiffeur » pourrait s'impatienter… ce dont l'animal n'a absolument pas besoin dans ces circonstances.

Une coupe bien adaptée

Bon nombre de gens tentent de rendre leur chien conforme à des standards de beauté tels qu'on les considère dans les expositions canines, les films ou les revues, chez les voisins ou dans leur souvenir. Leur choix se base sur une image ou sur un rêve en oubliant l'animal et sa personnalité. Et ce rêve d'un animal idéalisé leur sert hélas ! davantage à se mettre en valeur plutôt que de prendre en considération les besoins de leur chien. Ce rêve impose souvent des soins qui découragent plus d'un propriétaire… et plusieurs chiens !

Les chiens n'ont nul besoin d'être d'une grande beauté et d'enorgueillir leur propriétaire par leur apparence. Ils veulent jouer, courir, être caressés, partir en promenade le plus souvent possible, manger, aimer et être aimés. Rien d'autre ne les intéresse.

Bon, c'est vrai, je rencontre à l'occasion de gentilles « demoiselles » qui adorent être pomponnées et pour qui, semble-t-il, les soins donnés à leur petite « personne » sont très importants ; elles prendraient presque elles-mêmes leur rendez-vous de toilettage ! Mais en règle générale, le chien préfère une partie de balle à une séance de brossage. Il n'a pas besoin d'être beau pour être heureux : il n'a besoin que de partager de l'amour et de la joie avec les membres de sa famille !

Je rencontre quantité de personnes qui respectent avant tout le tempérament de leur chien et qui ne misent pas sur son aspect extérieur. Elles désirent un chien propre qui ait une fourrure qui soit pratique. C'est vers ce but que chaque propriétaire doit tendre : adapter une coupe et des soins à son chien en considérant celui-ci comme une entité distincte ayant une personnalité et des besoins qui lui sont propres.

Quelques éléments de réflexion

Les besoins de votre chien

Voilà une importante question. Votre animal est-il une jolie « demoiselle » de salon ou un petit *tomboy* qui ne pense qu'à aller fouiner sous le cabanon du jardin ? Est-il un chien âgé qui aime mieux regarder le golf à la télé que de se promener ? Une petite coquine qui n'a d'yeux que pour vos enfants ? Alors adaptez sa tenue vestimentaire (sa fourrure) à ses activités quotidiennes. Vous ne portez pas vos habits de noces pour faire votre ménage du printemps, alors n'obligez pas votre chien à le faire.

Ainsi, la « demoiselle » de salon optera pour une coupe qui l'avantage (poil long ou coupe aux ciseaux), d'autant que ses activités ne l'amèneront pas à se décoiffer souvent ! L'aventurier et la compagne de vos enfants seront heureux avec une tonte courte nécessitant peu d'entretien ; ayant une vie aussi captivante, ils n'ont pas de temps à perdre avec des brossages prolongés. Notre vétéran préférera une coupe très simple, facile à exécuter pour un corps dont les pattes n'ont plus la forme d'antan ! Soyez juste dans votre choix et compréhensif pour votre chien.

Comment votre chien réagit-il
aux soins des toiletteurs professionnels ?

Assurez-vous d'être bien au fait du comportement de votre chien pendant les soins de toilettage professionnel. Si votre chien vit péniblement ces situations, vous devriez choisir des tontes rapides à effectuer. Inutile de le faire souffrir. Il maugréera probablement quand même, mais moins longtemps. S'il éprouve peu ou pas de difficultés au cours des séances, vous pouvez choisir des coupes plus élaborées, surtout si vous avez pris soin de le brosser entre les toilettages.

Je me rappelle un petit fripon, un des pensionnaires de la clinique vétérinaire où je travaillais comme toiletteuse. Il était à tel point turbulent que les employés ne pouvaient pratiquement plus tolérer sa présence dans la section réservée aux jeux des petits chiens. On me le remit pour le toilettage avec un large sourire, en supposant bien entendu que j'aurais du fil à retordre avec lui ! Pourtant, aussitôt que je le posai sur la table, il se transforma en une petite statue et le toiletter fut un plaisir. Pourquoi ? Parce qu'il avait l'habitude d'être entretenu à la maison et comprenait la nécessité d'être calme. Bien sûr, on ne me crut pas lorsque je rapportai sa bonne conduite.

Quels résultats obtenez-vous
avec votre travail de toilettage à la maison ?

Si vous obtenez de bons résultats sans qu'il vous soit nécessaire de viser la perfection, vous pouvez demander n'importe quelle coupe, au rasoir ou aux ciseaux. Le toiletteur professionnel sera content d'effectuer un travail méticuleux puisqu'il se sentira appuyé grâce à vos soins à la maison. Vous pouvez aussi demander une tonte très courte : un poil bien brossé sera à son meilleur, court ou long, et cela vous permettra d'économiser du temps en brossage entre les rendez-vous. Si vous ou votre animal n'avez aucune affinité avec le démêlage, optez pour des tontes courtes. Votre chien appréciera votre décision !

Combien de visites annuelles votre budget vous permet-il ?

N'oubliez pas de tenir compte de votre budget dans votre décision. Si vous préférez ne pas investir trop d'argent, optez pour des tontes courtes et entretenez bien la fourrure entre les visites au salon. Cependant, n'oubliez pas que certains soins doivent être donnés régulièrement : taille des griffes, dégagement des organes génitaux et des sous-pieds, taille des poils de la frange, des sous-pieds et des coins des yeux. Si vous ne pouvez pas le faire vous-même, prenez rendez-vous chez le toiletteur.

Quelle coupe choisir

La beauté n'est pas toujours là où l'on pense. Les propriétaires de chiens ne possèdent pas nécessairement l'expérience requise pour apprécier un beau poil, un beau chien, une belle tonte. Votre chien est unique et sa coupe doit lui être adaptée et non calquée sur celle du joli chien que vous avez entrevu dans une annonce publicitaire ou à une exposition canine… même s'il s'agit de la même race.

Soumettez vos suggestions au toiletteur, mais surtout, demandez-lui son avis et soyez ouvert à ses commentaires, car il est une personne d'expérience. Il est possible que votre façon de voir votre chien change radicalement si vous suivez ses conseils. Il ne faut pas figer votre chien dans une image sécurisante ou préconçue. Soyez ouvert : le poil ça repousse ! Sans opter pour une « tonte d'exposition », une coupe « domestique » (coupe ou tonte conçue pour la vie quotidienne) adaptée au corps de votre chien et misant sur les qualités de son poil et sur la mise en valeur de sa physionomie lui ira à merveille.

Mettez en valeur la qualité de son poil

Lorsque nous allons chez le coiffeur, la longueur de cheveu à laisser sur notre tête est un point important dans notre discussion avec lui. Cette considération est possible puisque notre cheveu est sain sur presque toute sa longueur. Avec les chiens, il y a toute une différence, car ils se frottent quotidiennement à toutes sortes de surfaces, (plancher, lit, gazon, meubles, etc.). Leur poil s'abîme sur une longueur que même le toiletteur professionnel peut difficilement évaluer avant d'avoir entrepris son travail.

L'important est de conserver un poil sain et vigoureux plutôt que de laisser en place un poil long mais cassé. Cela est particulièrement vrai lorsqu'on opte pour une coupe aux ciseaux : plutôt que d'insister pour conserver une certaine longueur de poil, demandez au toiletteur de ne conserver que le poil sain et fort.

Je me souviens d'un client qui me demanda de raser son grand chien noir. Mais c'est la femme du propriétaire qui revint le chercher. Ne sachant pas sur quel genre de tonte nous nous étions mis d'accord, son conjoint et moi, elle me cria son désarroi et sa déception. Ah ! misère ! Je n'ose imaginer le mauvais quart d'heure que le conjoint dut passer ! Pourtant, de toute évidence leur chien était très avantagé par cette coupe courte et son poil ressemblait maintenant à du velours. Le chien semblait d'ailleurs avoir rajeuni de plusieurs années. Cette dame revint quelques semaines plus tard et, cette fois, c'est elle qui me demanda la même coupe ! En regardant son chien sans les yeux de l'habitude, elle avait constaté qu'il était plus beau ainsi.

Mettez sa physionomie en valeur

Des clients demandent parfois de tailler le poil de la tête de leur chien de façon à obtenir une petite tête ronde. Le chien des voisins est si mignon avec sa petite bouille toute ronde. Mais voilà, leur chien a une tête de type terrier. Pauvre toiletteur ! Il lui faudra tailler une tête ronde sur une surface rectangulaire. Il faudrait que ces personnes oublient le chien du voisin. Le toiletteur peut les guider dans la mise en valeur de la beauté naturelle de leur chien. Celui-ci sera bien plus beau avec une coupe adaptée à la forme de sa tête et de sa face.

Une coupe bien adaptée au corps

Une cliente me demande d'effectuer une tonte schnauzer à son petit shih-tzu. Elle trouve cette coupe très mignonne sans se rendre compte qu'elle ne convient pas à son chien dont le corps est en courbes douces, contrairement à l'athlétique schnauzer qui possède un corps musclé, des pattes plus hautes par rapport à son tronc et une tête « carrée ».

Il faut choisir une coupe qui avantage la silhouette de votre chien. Essayez de vous rapprocher de la coupe qui correspond au standard de sa race (ou à la race à laquelle il ressemble le plus) tout en considérant que son corps n'est peut-être pas tout à fait conforme : embonpoint, pattes trop courtes, tête trop longue, etc. Mais rien ne vous empêche de créer un style tout à fait nouveau qui colle bien à la personnalité de votre chien et, surtout, qui soit adaptée à la forme de son corps. Un brin d'originalité ajoute une touche d'humour à la vie. Si vous désirez simplifier le tout, optez pour une tonte courte intégrale et laissez votre chien aller jouer où il veut... sans vous inquiéter !

8
AVEC LES YEUX DU CŒUR

Votre aventure est commencée à présent. Et vous n'avez probablement pas fini de découvrir votre chien et de vous découvrir vous-même par les activités que je vous recommande. L'important est de persévérer sans vous pousser à bout.

Au fil de ces pages, je vous ai donné de nombreux conseils qui pourront améliorer la condition physique et émotionnelle de votre chien, tout en vous permettant d'approfondir votre relation avec lui. J'ai encore un conseil à vous donner, celui que je considère comme le plus important. Si vous ne deviez en retenir qu'un seul, ce serait celui-ci :

> **Regardez votre chien,**
> **observez-le, voyez-le.**

Facile, me direz-vous. « Je le regarde et je le vois tous les jours. » Mais le voyez-vous réellement ?

Regardez avec les yeux et avec les mains

Une ou deux fois par semaine, prenez quelques minutes pour examiner son corps. Avec vos yeux et avec vos doigts. Effectuez cet examen consciencieusement en offrant ces quelques minutes uniquement à votre chien et non pas en regardant la télévision ou en effectuant d'autres tâches. Il appréciera ce moment d'exclusivité avec vous.

Commencez par toucher délicatement son visage avec vos doigts : vérifiez ses yeux, notez les variations de couleur dans le blanc de l'œil, examinez le museau et le poil bordant les lèvres, notez la couleur des gencives, l'état des dents, la moustache, vérifiez la propreté à l'intérieur des oreilles, etc.

Glissez vos doigts le long du cou, des épaules, des pattes avant. Essayez d'imprimer dans vos doigts la forme actuelle de ces parties afin de pouvoir détecter plus tard l'apparition de verrues, de lésions, ou de toutes modifications éventuelles. Aidez-vous de vos yeux pour faire un examen minutieux. Voyez l'état des pieds : soulevez-les, regardez en dessous, regardez par-dessus, écartez les orteils et vérifiez entre les doigts de pied et les griffes. Continuez votre examen en vous attardant à toutes les parties du corps, au pénis ou à la vulve, aux pattes et aux pieds arrières, à la queue. En passant, remarquez si vous trouvez de nouveaux nœuds que vous pourriez éliminer dans un proche avenir.

Cela ne devrait exiger que quelques minutes, cinq tout au plus. Apprenez à connaître son corps maintenant pour mieux identifier les changements et pouvoir intervenir sans délai par vous-même ou avec un vétérinaire, selon le cas.

Observez-le tous les jours

Les problèmes de santé des chiens passent souvent inaperçus à cause du manque d'observation de leur propriétaire. Aux prises avec les activités quotidiennes, ceux-ci oublient que leurs chiens peuvent aussi avoir des malaises. Ils agissent souvent comme si les chiens ne devraient pas avoir de problèmes de santé. Selon l'idée qu'ils se sont faite de la nature animale, tout devrait être plus simple parce que

« ce sont des animaux. » Désolée de vous décevoir si vous pensez de cette manière, mais ce n'est pas aussi simple.

Je vous propose donc d'observer régulièrement votre chien, avec les yeux seulement, sans vous détacher de vos activités quotidiennes. C'est facile. Il s'agit de décocher un coup d'œil, quelques secondes seulement, à plusieurs reprises dans la journée, que ce soit pendant que vous lisez le journal, que vous regardez la télévision, que vous faites la vaisselle, que vous nettoyez votre cour, etc. En somme, un simple regard pendant que votre chien n'est pas en interaction avec vous.

Que fait-il ? A-t-il l'habitude d'agir ainsi ? Se couche-t-il là habituellement ? Se cache-t-il ou s'éloigne-t-il des autres membres de la famille ? Semble-t-il soucieux ? Tremble-t-il ? Se frotte-t-il sur les objets, se gratte-t-il de manière excessive ou inhabituelle ?

Il importe de bien connaître ses habitudes de vie pour mieux identifier ses modifications de comportement dans l'avenir. Car souvenez-vous, un chien malade ou souffrant de certains malaises modifie souvent son comportement pour essayer de se soulager lui-même. Par exemple, il s'isole de la famille pour être plus calme lors d'une maladie. Ainsi, en l'observant du coin de l'œil, vous pourrez aider votre compagnon en intervenant rapidement si son état requiert les services d'un vétérinaire et vous lui éviterez des souffrances inutiles.

Cela ne vous demandera guère plus que deux minutes par jour. Si l'on additionne 5 ou 10 minutes par semaine pour l'activité précédente, avouez que c'est bien peu pour protéger la santé de votre meilleur ami.

Ce sont les petits gestes de tous les jours
qui font toute la différence.
Nettoyer ses jolis yeux, défaire un petit nœud,
toucher son corps délicatement, avec attention…
Des gestes simples qui parlent
d'amour à votre chien.
Lui qui vous aime tant !

BIBLIOGRAPHIE

BALL, Stefan et Judy HOWARD. *Bach Flower Remedies for Animal,* Essex, United Kindom, C.W. Daniel, 1999, 162 pages.

DEHASSE, Joël. *L'éducation du chien,* Coll. Vivre avec nos animaux, Montréal, Le Jour, éditeur, 2002, 304 pages. .

FOGLE, Bruce. *J'aime et je soigne mon chien,* Montréal, Sélection du Reader's Digest, 1993, 191 pages.

GAGNON, Paulette, Nathalie LACHANCE et André DE LA DURANTAYE. *Reiki. Un pont entre deux mondes*, Varennes, Éditions Marie-Lakshmi, 1995, 305 pages.

GOLDSTEIN, Martin. *The Nature of Animal Healing*, Toronto, Ramdom House, 1999, 357 pages.

HOURDEBAIGT, Jean-Pierre et Shari L. SEYMOUR. *Massage canin, guide pratique*, Paris, Éditions Vigot, 2000, 173 pages.

MOUSSAIEFF MASSON, Jeffrey et Susan McCARTY. *Quand les éléphants pleurent. La vie émotionnelle des animaux*, Paris, Albin Michel, 1997, 388 pages.

PAGEAT, Patrick. *L'homme et le chien,* Paris, Éditions Odile Jacob, 1999, 370 pages.

ROBINSON, Chantale. *Premiers soins pour chiens et chats*, Montréal, Le Jour, éditeur, 2002, 169 pages.

RUGAAS, Turid. *On Talking Terms with Dogs: Calming Signals*, Carlsborg, Legacy Mail, 1997, 38 pages.

SNOW, Amy et Nancy ZIDONIS. *The Well-Connected Dog, A Guide to Canine Acupressure,* Larkspur, CO, Tallgrass Publishers, LLC, 2000, 166 pages.

TELLINGTON-JONES, Linda et Gudrun BRAUN. *Getting in TTouch with your Dog, A Gentle Approch to Influencing Behavior Health and Performance,* North Pomfret, Vermont, Trafalgar Square Publishing, 2001, 128 pages.

TELLINGTON-JONES, Linda et Sybil TAYLOR. *The Tellington TTouch, A Revolutionary Natural Method to Train and Care for your Favorite Animal,* Harmond Sworth, Middlesen, England, Penguin Books, 1993, 277 pages.

SITES INTERNET

Acupression : www.animalacupresssure.com
Nutrition et massothérapie : www.petaid.ca
Produits pour le bain : www.to-put-on-the-dog.com
Produits holistiques : animalanimal.com
Produits holistiques : www.naturalanimal.net
Reiki : dm33@sprint.ca
TTouch : www.lindatellingtonjones. com

CARNET D'ADRESSES

Clinique vétérinaire Salaberry (Dr Paul Guindon)
Homéopathie, massothérapie, Reiki, acuponcture
1895, de Salaberry
Montréal (Québec)
H3M 1K5
Tél. : (514) 334-7280

Naturalanimal & Pawtisserie
Centre holistique pour animaux
4932B, rue Sherbrooke Ouest
Montréal (Québec)
H3Z 1H3
Tél. : (514) 488-4729

Le Marmousset
Éducation canine sans étrangleur
889, boul. Curé-Labelle
Blainville (Québec)
J7C 2L3
Tél. : (450) 433-3032

REMERCIEMENTS

Je remercie du fond du cœur Mme Diane Gadbois et M. Yvon Ollu pour leur généreux et indispensable soutien informatique. J'ai aussi bénéficié de l'aide de nombreux collaborateurs pour écrire ce livre. Je tiens à remercier chacun d'eux : Benoît Fortier, Lucie Leclerc (pour TTouch), Marc Bokhari, Amy Snow et le Dr Paul Guindon (vétérinaire). Mes remerciements les plus sincères s'adressent à Mme Chantale Robinson, biologiste et technicienne en santé animale, pour ses nombreux conseils, son soutien et sa disponibilité, ainsi qu'à ma correctrice technique, Mme Sandy Décarie, propriétaire du Marmousset, à Blainville. Je remercie aussi bien sûr l'équipe du Jour, éditeur pour son professionnalisme et sa bienveillance.

TABLE DES MATIÈRES

Achevé d'imprimé au Canada
en janvier 2003
sur les presses des Imprimeries Transcontinental inc.
Division Imprimerie Gagné.